教えて！からあげ先生

はじめての生成AI

からあげ 著者
いまがわ 漫画
ずっきー 文

KADOKAWA

お先に失礼します！
はぁ…今日も疲れた…
はああ
広報の仕事は楽しいけどやることいっぱいで毎日ヘトヘト…
メールのやりとり
会議の資料作成
イベント企画
SNSの更新
クライアント対応
凡ミス連発でパンク寸前
すみません見落としてました…!!
家についたらまずメール返さなきゃ…
ふぅ
お迎え遅くなってごめんね！
ママやっと来た！
今日は学校どうだった？
えっとねー

ママ！
宿題の答え合わせして！
ハッ
あ、ごめん
ぼんやりしてた
算数ドリル
夜ご飯できたよ～
今日はカレー
ありがとう！
家事・育児は夫と分担だけど仕事との両立は大変
こんな毎日で私大丈夫!?
生活にゆとりがなさすぎて一瞬で10年ぐらい経っちゃいそう
+10歳
あ～あ
1日48時間にならないかな～
なにかお困りですか？
ぬっ

1日を48時間にするのは難しいですが
ビシッ!
AI
AIを使って時間を節約することはできますよ
からあげ先生!
KARAAGE
ババーン!
私の名前は「からあげ」
AIを研究していて初心者にもわかりやすく説明するのが得意です
AIのプロ!
好きな食べ物
からあげ
AIって最近よく聞くけど怖いです
便利らしいけど人間の仕事が奪われるかもとか…
AI
ゴゴゴゴ
AIは人間のように学習して考えることができる、進化したコンピュータープログラムです
画像生成
English
日本語
文章翻訳
データ分析
私たち人間の日常生活を楽にしてくれる存在なんですよ
怖くないです
きゅ
AI
るん

この本ではAIの中でも
生《せい》成《せい》AIの使い方を
学んでいきます！
ドーン！
この本…？
生成AI…？
？
人間と自然な会話ができる人工知能のことで
私たちの質問に答えたり仕事のサポートをしてくれます
生成AIでできること
・業界トレンド分析
・情報要約
・データ分析
・企画アイデア出し
・タスク管理
・スケジュール最適化
・メール文章作成
・文章校正・編集
・プレゼン資料作成
・文書の翻訳
・議事録作成
ずらっ
一部ですよ
AI
こんなに…？
仕事が時短できそう！
驚くのはまだ早いです
キラーン
仕事だけではありません！
スチャ

日常生活でもAIが役に立つ機会はたくさんあります
ダイエット健康管理
260 キロカロリー
写真を読み取ってカロリー計算
好みに合わせたドラマ・映画の提案
How have you been?
I've been good!
音声での英会話練習
FP3級 問題集
資格学習のサポート
ぐっ
悩みを吐き出す相手としても使えますよ
ねぇ、AI…仕事が忙しすぎて疲れちゃった…
AIだからこそ相談しやすい話もありそう！
24時間いつでも日本語で相談できるのが魅力です
私にはAIは関係ないかもって思ってたけど使いたくなりました！
わく
わく
使えばすぐに便利さがわかるので
ITは詳しくなくて…という人にこそ使ってほしいです
KARAAGE

パソコン・スマホって いつのまにか普及して 生活の一部になって いますよね
OK!
AI
企画会議の内容をまとめて 明日のプレゼン資料を 作ってくれる？
送別会のお店の選定、 全員に日時調整の メールを送って！
ラジャ
AI
今の流れだと **AIも必ず生活の 一部になります**
難しそう
便利そうなのは わかったけど 私に使いこなせる のかな…？
日常会話の感覚で 気軽に使えるので難しく 考えなくていいですよ
相棒
AI
KARAAGE
日常の小さい疑問も AIに聞けば即解決！ 頼れる相棒です
ワイ
とにかくAIとの 会話って楽しいので まず触ってみて ください
忙しい日々を AIで効率化して 生活を楽にして いきましょう！
からあげ先生 これからよろしく お願いします！
ワイ
AI

目次

第2章 生成ＡＩで仕事を効率化

本書の使い方

生成AIを使うときに、気をつけてほしいことです。本の内容を試す前に必ずお読みください。

- 生成AIは回答を間違えることがあります。生成AIが回答した情報は、確認の上、必ずご自身の責任のもとご使用ください
- 2024年12月現在の情報が掲載されています。生成AIは日々進化しているので、本の内容と異なる場合は、AI提供元の情報を優先してください
- 生成AIは毎回異なる回答をします。本書と同じプロンプトを入れても、回答は同じにはなりません
- AIが生成したコンテンツ（文章・画像）の商用利用に関しては、AI提供元の利用規約等をご参照ください
- 掲載の内容には細心の注意を払っておりますが、万が一本書の内容によって不測の事故等が起こった場合、著者、出版社はその責を負いかねますことをご了承ください

ラベルをCHECK

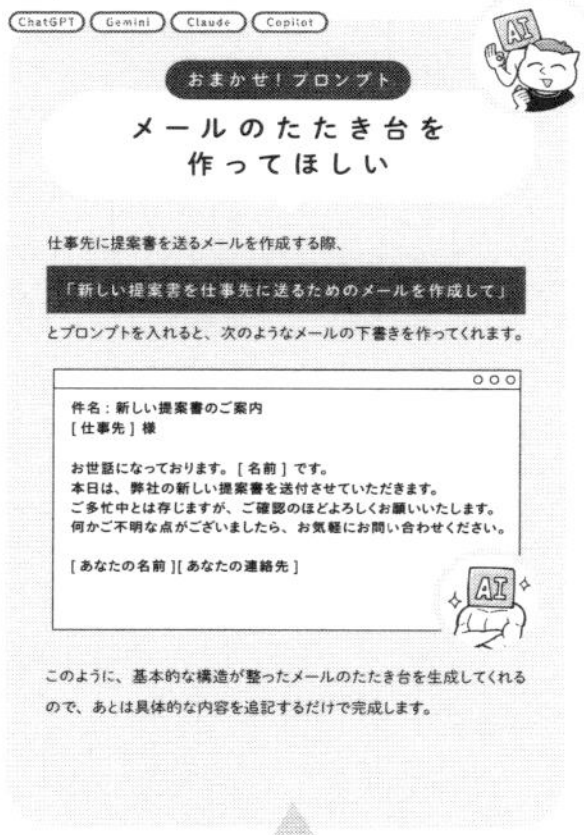
ChatGPT　Gemini　Claude　Copilot

おまかせ！プロンプト

メールのたたき台を
作ってほしい

仕事先に提案書を送るメールを作成する際、

「新しい提案書を仕事先に送るためのメールを作成して」

とプロンプトを入れると、次のようなメールの下書きを作ってくれます。

件名：新しい提案書のご案内
[仕事先] 様

お世話になっております。[名前] です。
本日は、弊社の新しい提案書を送付させていただきます。
ご多忙中とは存じますが、ご確認のほどよろしくお願いいたします。
何かご不明な点がございましたら、お気軽にお問い合わせください。

[あなたの名前][あなたの連絡先]

このように、基本的な構造が整ったメールのたたき台を生成してくれるので、あとは具体的な内容を追記するだけで完成します。

- ラベルは動作が確認できたAIを記載しています
- ラベルが多いプロンプトが、初心者向けの動かしやすいプロンプトです
- ChatGPT（有料版推奨） ラベルがついているものは、課金しなくても動きますが、回数が限られています。ChatGPT無料版を使っている人で、制限がかかって動かない場合は、制限が解除されるまで先に別のプロンプトを試してください。なお、有料版は月額20ドルのChatGPT Plusを想定しています

登場人物

忙しすぎて
猫の手も
借りたい
家族

AIのプロ
からあげ先生
KARAAGE

第 1 章

生成AIって何？

ぜんぶ生成AIです

- ChatGPT（チャットジーピーティー）
- Claude（クロード）
- Gemini（ジェミニ／ジェミナイ）
- Copilot（コパイロット）

あらためて
生成AIって
なんですか？
？
AI
テキストや画像、
音声を自動で作る
技術のことで…
生成
新しいものを作り出す
×
AI
人工知能
簡単に言うと
あなたの質問に
何でも答えてくれる
頭のいい友達です！
8800円の25％オフは
いくらになる？
家族で旅行3泊の
必要な持ち物は？
エクセルの関数に
ついて教えて
セミナー費って
経費になる？
イェ～イ
AI
NEWS
生成AIは
世界中の本や記事
インターネットなどの
大量の情報を学習していて
それらを組み合わせて
ピッタリな返答を
してくれます
ぎゅう
AI
ううん

学習した情報を使って どんな質問にも 柔軟に対応できる のが特徴です
からあげに添えてある すっぱい食べ物は何？
AI
からあげに添えてある すっぱい食べ物は 一般的には「レモン」です。
もぐ もぐ
どうでもいい 質問にも真面目に 答えてくれるんだ…
さらに良い点は 前に話した内容を 覚えていて続けて 会話ができる ことです
なんでレモンを 添えるの？
AI
からあげの油っぽさを軽減し、さっぱりと食べやすくなります。胃もたれ防止も期待できます。
会話が スムーズ！
最近のできごとに 関する質問は 難しいですよね？
時事ネタとか
そういうときはすぐ ネットで検索して 簡潔にまとめて 教えてくれますよ
今日行ける子連れで おすすめのイベントは？
最近売れている ビジネス書を教えて
AI
OK!
自分で探して くれるんだ！

自分で調べるのが大変な**専門的な質問**でも生成AIは大活躍！
パソコンの調子が悪くて…どうすれば直る？
スマートフォンを買い替えたいから性能を比較して！
ぐっ
AI
本日の主役
今の時代、ネットで調べ物をすると広告や無駄な情報が多くて
探している内容が見つかりにくい経験ありませんか？
わかる！
欲しい情報にたどりつくまで時間がかかります
SALE
無料
くわしくはこちら
今すぐチェック
生成AIなら**必要な情報だけを教えてくれる**ので時間を無駄にしません
助かる〜!!
ふー
AI
必要
不要
不要
不要
KARAAGE

質問に答えるだけではなく
メール文章作成など
仕事でも活躍！
たたき台として
使えそう！
楽〜!!
クライアントとの
打ち合わせの日程調整
メールを書いて
AI
お世話になっております。[名前]です。
先日ご相談した件について、打ち合わせの
日程調整をさせていただきたく存じます。
下記の日時はいかがでしょうか。
【候補日時】
英語や中国語など
多言語対応してるので
翻訳や語学学習にも
活用できます
グローバル！
海外旅行でも
心強い味方に
なりそうだし
AIを使って
語学学習って
画期的ですね
ホテル周辺1km内の
地元民に人気の
レストランを教えて！
実際に生成AIの影響で
有名な英語アプリの
株価が下がったという
ニュースがありました
DOWN
そんなに
影響が!?
生成AIって
自分専用の頼れる先生で
優秀なアシスタントでも
あるんだ！
なるほど
パアアア

聞いてると おいしい話すぎて 怖いです
高いツボ買わされる？
利用料 お高いんじゃない ですか…？
いい質問ですね
それが ですね…
基本無料で 使えます
詐欺じゃないよ
AI
質問できる回数が 決まっていたり 一部機能が使えない ことがありますが
軽く使う分には 問題ないです
慣れてきて 仕事でも使うように なったら有料プランを 考えてもいいかも しれません
最初から課金しなくて大丈夫
無課金上等
AI
無料版で物足りなく なってきたら そのとき考えようかな
ふむ ふむ

生成AIサービスは
色んな会社から出ていて
特徴が違うのですが…
メールなど
文章生成につよい
Google製
検索に
つよい
AI
クロード
ジェミニ
コパイロット
初心者には
ChatGPTが
おすすめです!
ドーン
利用者が多く
文章生成やデータ分析など
高性能で使いやすいです
ジーピーティー
アメリカのOpenAI社が
2022年に発表した生成AI
KARAAGE
では次は実際に
ChatGPTと会話
してみましょう!
えいえいおー
AI
スマホ・パソコン
どちらでも使えます
私はスマホ
カタカタ
KARAAGE

そもそも生成AIって何？

生成ＡＩとは、新たなアイデアやコンテンツ（文章・画像・音声等）を作り出す能力を持つ人工知能の一種です。本書はこの生成ＡＩの使い方を教える１冊です。最近よく聞く、次のようなサービスはすべて生成ＡＩ。これから解説する「基本の使い方」を覚えれば、サービスの種類は変わっても、応用していけます。

・ChatGPT（チャットジーピーティー）
・Claude（クロード）
・Gemini（ジェミニ／ジェミナイ）
・Copilot（コパイロット）

これらは、従来は人間でないと難しいと考えられていたタスクを行ってくれます。具体的には、以下のようなことができると考えられます。

1 知りたいことに答えてくれる

あなたが知りたいことを、ＡＩがドンピシャですぐに教えてくれます。今の時代、ネットで調べ物をすると、上のほうには広告が出てきたり、「知りたいのはそことは少し違うんだよなぁ」というような結果が出てきたりしてしまいます。

しかし、生成ＡＩをうまく使いこなせば、あなたが知りたいことをあなたがほしい形ですぐに提供してくれます。**難しい言葉ばかりだったら「小学生に教えるように説明して」と言えば専門用語を噛み砕いて教えてくれます。**調べ物に対して、今までは「検索」していましたが、これからは「生成」することが増えていくでしょう。

2 日々の雑務を片付けてくれる

仕事やプライベートで面倒だと思う下記のことにすぐに対応してくれます。

たとえば、

・プレゼン用の資料を作ってくれる

- **調べ物の情報を集めて要約をしてくれる**
- **ダイエットの相談や計画作りをしてくれる**

などです。忙しくて学ぶ時間がない、子どもと過ごす時間がない、新しいことに挑戦する余裕がないという時間に追われる日々から抜け出せるかもしれません。

LINE感覚で生成AIを使おう

生成ＡＩの活用方法として、代表的なものがチャット、すなわちＡＩとの「おしゃべり」「雑談」です。本書でも生成ＡＩの活用方法として、ＡＩとのチャットを主に扱います。

ＡＩというと、かたいコンピューター用語のように感じる方がいるかもしれません。しかし、ＬＩＮＥで行うコミュニケーションをイメージしてもらえれば、「チャット」は身近に感じられるでしょう。

生成AIとAIは何が違うの？

ここからちょっと知識の話。生成ＡＩと従来のＡＩとの違いについても触れたいと思います。

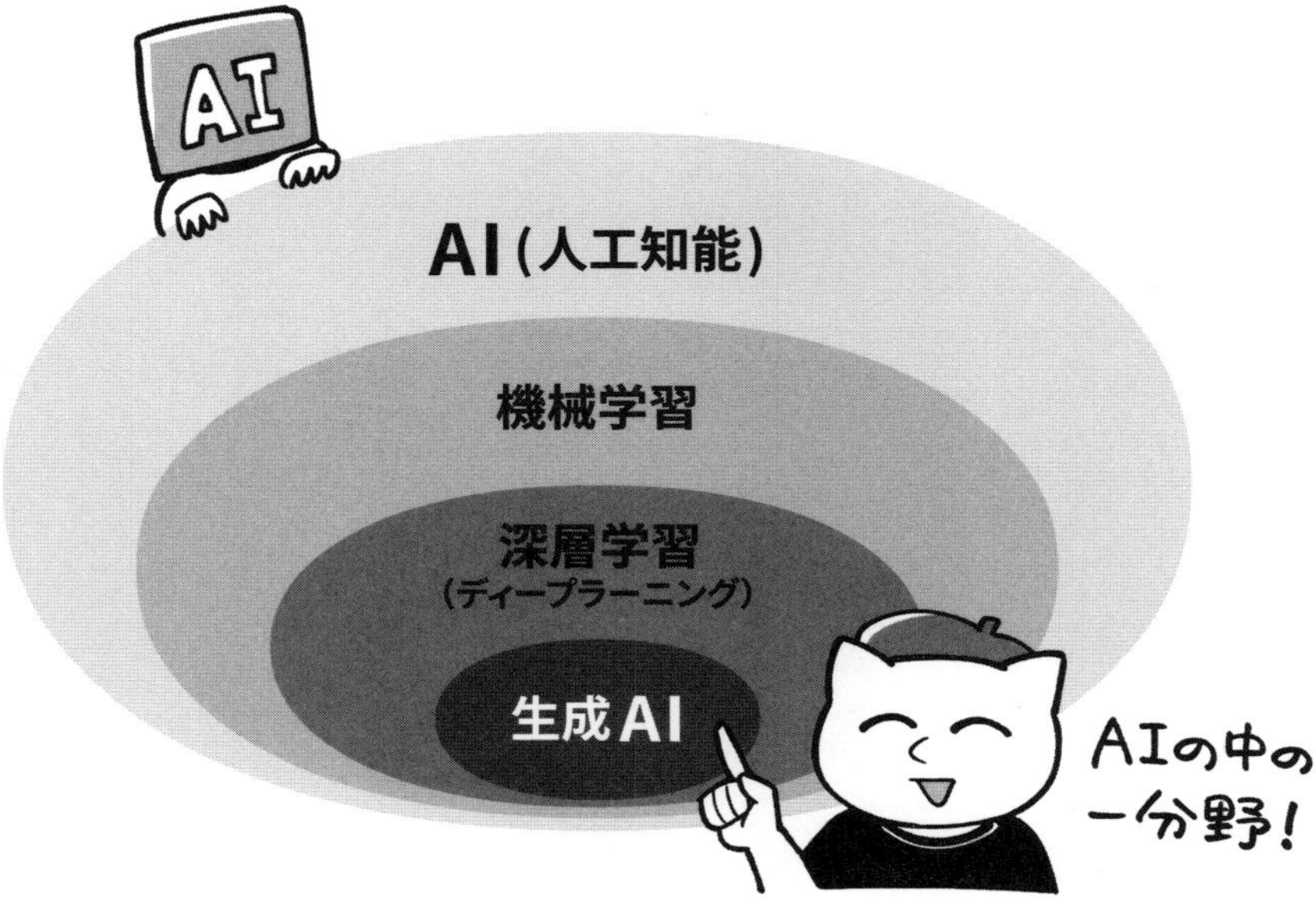

「生成ＡＩを仕事に使いたい」場合など、背景を知っていれば安心して取り入れられることでしょう。

ＡＩという言葉は、Artificial Intelligence（人工知能）の略称で、１９５０年代に提唱された歴史ある言葉です。ＡＩは、多くの分野で研究されてきたこともあり、実はその言葉の指す意味は多様であいまいです。日本の人工知能の大家である、東京大学の松尾 豊教授の著書『人工知能は人間を超えるか ディープラーニングの先にあるもの』（KADOKAWA）でもＡＩの専門家によって異なる10種類以上の定義が紹介されています。**本書で取り扱う生成ＡＩは、技術的には主に深層学習（ディープラーニング）の一分野として位置づけられています。**ＡＩ、機械学習、ディープラーニングの関係は図の通りです。

ＡＩは非常に広い概念ですが、その中でも、データからルールを学習していくような技術を機械学習と言います。そしてその機械学習の中でも、人間の脳を模したニューラルネットワークと呼ばれる仕組みを発展させ、高い性能を発揮することで注目を集めているのがディープラーニングです。ディープラーニングは、近年目覚ましい発展を遂げています。

大量の文章を学習している

生成ＡＩはなぜ人と会話できるほど賢いのでしょうか。**生成ＡＩの中でも、今回主に取り上げる人と会話できるようなＡＩのことを大規模言語モデル（Large Language Model、以降、ＬＬＭ）と言います。**

ＬＬＭを含む生成ＡＩは、先ほど説明したようにディープラーニング、すなわち人間の脳を模した仕組みで学習しています。特にＬＬＭは、その名の通り大規模、すなわち非常に大きなＡＩに、膨大なデータを学習させることで高い性能を実現しています。

ＡＩの大きさといってもピンとこないかもしれませんが、ここではＡＩのパラメータ数、人間の脳で言えば神経細胞（ニューロン）同士の繋がりに相当するものがたくさんあると思ってもらえれば大丈夫です。

データに関しては、イメージがしやすいかもしれません。代表的なＬＬＭである

ＣｈａｔＧＰＴのＡＩモデルは、２０２０年のＧＰＴ－３の時点で、書籍にすれば約５００万冊に相当する量の文章を学習しています。最新のＡＩ（ＧＰＴ－４ｏ《オムニ》）の学習量は公開されていませんが、これ以上のデータが学習されていることは間違いないでしょう。

ＡＩの分野では、このように人間の脳に似た仕組みで、たくさん学習させると人間のように賢くなるという考えは昔からあったのですが、コンピューターの性能、学習させる大量のデータ、人間の脳を真似たうまい仕組みの３つが揃っていなかったため、性能がなかなか上がりませんでした。最近になって、ようやくこの３つが揃ったことで、ＬＬＭをはじめとした生成ＡＩが急速に発展することになったのです。

まとめ

- 生成ＡＩは新たなアイデアやコンテンツ（文章・画像・音声等）を作り出す能力を持つ人工知能の一種
- 生成ＡＩは膨大な知識を使って人間と自然な会話ができる
- 生成ＡＩは、技術的には深層学習（ディープラーニング）の一分野

生成ＡＩは何に使える？

生成ＡＩを使うことで、たとえば日常生活のサポート、学習や仕事の効率化ができます。冷蔵庫の残り物からレシピを考えてくれたり、旅行の日程と場所を伝えればスケジュール案を作ってくれたり、取得したい資格への道筋を示してくれたりします。仕事ではメール文案を適切な言葉遣いで作ってくれたり、発表資料のたたき台を作ってくれたり、市場調査を手伝ってくれたりと多様なシーンで活躍します。

1 仕事の効率化

面倒なメールの下書き

客先への謝罪、上司に送る報告メールなど、どのように書けば良いか迷っていたら1時間経過していた……なんてことが、社会人であれば誰しもあると思います。そんなときには生成ＡＩに頼ってみましょう。「プロジェクトの進捗状況を報告するメールの例を教えて」と依頼すると、適切な文章例を提供してくれます。また、「お客様に感謝の意を伝えるメールを書いてほしい」とお願いすれば、丁寧でプロフェッショナルなメールの文例を作成してくれます。これをいつも自分が書いている文章に少しアレンジすれば、あっという間に送信できます。

企画書やプレゼン資料のたたき台作り

新しいプロジェクトの企画書やプレゼン資料のたたき台を作るのも生成ＡＩの得意分野です。たとえば、「新商品のプレゼン資料の構成案を作って」と頼むと、必要な項目を提案してくれます。また、「マーケティング戦略の概要を書いてほしい」といった依頼にも対応し、具体的なアイデアを提供してくれます。

2 学習のサポート

資格取得の学習計画アドバイス

資格を取得しようと思ったとき、行き詰まりやすいのがどうやって勉強していくかという点です。

そんなときに生成ＡＩは頼れるパートナーになります。たとえば「ファイナンシャルプランナー3級の試験に合格したい」と伝えれば、生成ＡＩは試験の概要説明から学習計画のアドバイスまでしてくれます。「2週間後に受験で1日30分しか時間がとれない」など無茶振りも聞いて回答してくれます。

レベルに応じた英語レッスン

生成ＡＩは英語学習においても、初心者から上級者までレベルに応じた会話練習や文法の解説、単語の用例紹介など、いろいろな方法で学習をサポートしてくれます。

「ビジネス英語を上達させたい」という要望には、実際のビジネスシーンを想定した会話練習や、フォーマルとインフォーマルな表現の使い分けの解説、英文メールの書き方指導までしてくれます。

生成ＡＩと学習するということは、24時間いつでも教えてくれる英語の先生がそばにいるようなものです。実際に生成ＡＩの台頭により世界トップクラスの英語アプリの株価が下落するといったニュースも出ています。これは英語だとどう言うのかな、といった突然の疑問が浮かんだときに、即座に相談できるのは生成ＡＩ活用の大きな利点です。

3 日常生活のサポート

冷蔵庫や家族事情に合わせたレシピ提案

冷蔵庫に残っている食材で何か作りたい……そんなとき、生成ＡＩに聞いてみましょう。たとえば、「キャベツと大根を使ったすぐに作れる料理は？」と尋ねれば、生成ＡＩは複数のレシピを提案してくれます。さらに「子どもが喜びそうな味付けは？」「お酒のつまみにアレンジするには？」といった細かい要望にもラクラクと回答してくれます。

完全オリジナルの旅行のプラン作成

旅行計画も、生成ＡＩを使えばスムーズです。「来月の連休に家族で京都へ行きたい」と伝えれば、観光スポットや宿泊施設、さらには気候に合わせた服装のアドバイスまでしてくれます。「建築物が好きな私と、インスタ映えする写真を撮りたい娘、足が不自由な母が一緒に楽しめるスポットはある？」といった頭を悩ます問題にもちょうど良い回答をしてくれます。予算に応じたプランの調整、混雑を避けるためにどう動くのが良いかなど、細かな助言も可能です。

まとめ

- 仕事の効率化ではメールの文案作成、資料のたたき台作りなどに役立つ
- 資格や英語の学習に便利に使うことができる
- レシピや旅行のプランの相談もできる

どの生成ＡＩを使うか決めよう

ここからは実践に向けての準備です。代表的な４つの生成ＡＩを紹介するので、どのサービスを使うか決めてきましょう。

代表的な４つの生成ＡＩ

最初に悩むのは、どれを使えば良いかということ。この本では、２０２４年12月時点で一番利用者が多いＣｈａｔＧＰＴをメインで紹介しています。でも、ＣｈａｔＧＰＴでなくても大丈夫。**最初に使う生成ＡＩは、周りで使っている人が多いものを選ぶのがポイントです。**

まずはひとつのＡＩに触れてみるのが生成ＡＩを使いこなす近道です。ある程度使いこなせるようになったら、したいことによって複数のＡＩを使い分けてもいいでしょう。

① ＣｈａｔＧＰＴ（チャットジーピーティー）

OpenAIの公式サイトでは、ＣｈａｔＧＰＴを無料で始めることができます。登録も簡単で、すぐに使うことが可能です。高性能で使いやすく、利用者が多いです。

https://chatgpt.com/

② Ｃｌａｕｄｅ（クロード）

Anthropic社が開発したＡＩです。詳細な文章生成や分析が得意です。性能面でＣｈａｔＧＰＴと追いつき追い越せを繰り返しています。

https://claude.ai/

③ Ｇｅｍｉｎｉ（ジェミニ／ジェミナイ）

Google製ＡＩのＧｅｍｉｎｉは、長い文章の指示にも対応してくれます。テキスト、画像などを統合的に処理できます。

https://gemini.google.com/

④ Ｃｏｐｉｌｏｔ（コパイロット）

MicrosoftのＷｅｂ検索エンジンのBingがＡＩと統合し、高度な検索と対話機能を提供しています。Microsoft Office製品に関連づけられたＡＩは「Microsoft Copilot」と称されます。このＡＩは、Ｗｅｂ検索と組み合わせた利用が可能で、最新の情報を含む回答を提供できるのが特徴です。

https://copilot.microsoft.com/

どれを選んでも大丈夫。周囲に使っている人が多いAIを選べば、わからないことが出てきたときにも、質問しやすいですよ
おすすめ
KARAAGE

登録してみよう

使う生成ＡＩが決まったら、早速登録してみましょう。本書では、ＣｈａｔＧＰＴの登録手順（パソコン／スマホ）を紹介します。

最初に注意喚起させてください。Ｗｅｂブラウザやアプリで「ChatGPT」、「OpenAI」を検索すると、一番上に公式サイトが出ない場合があります。これは広告サイトが上位に出る仕組みや、類似サイトにユーザーを引っ張ってくるやり方があるためです。

心配な人は、これから記載する公式サイトのＵＲＬ（Ｐ34、Ｐ38）を打ち込んで、直接公式サイトに飛びましょう。

操作画面は
2024年12月
時点のもの。
使っているブラウザ
によっても見え方が
変わることがあります。
迷ったらサイトの
案内に従って
くださいね

パソコンでの登録手順

1

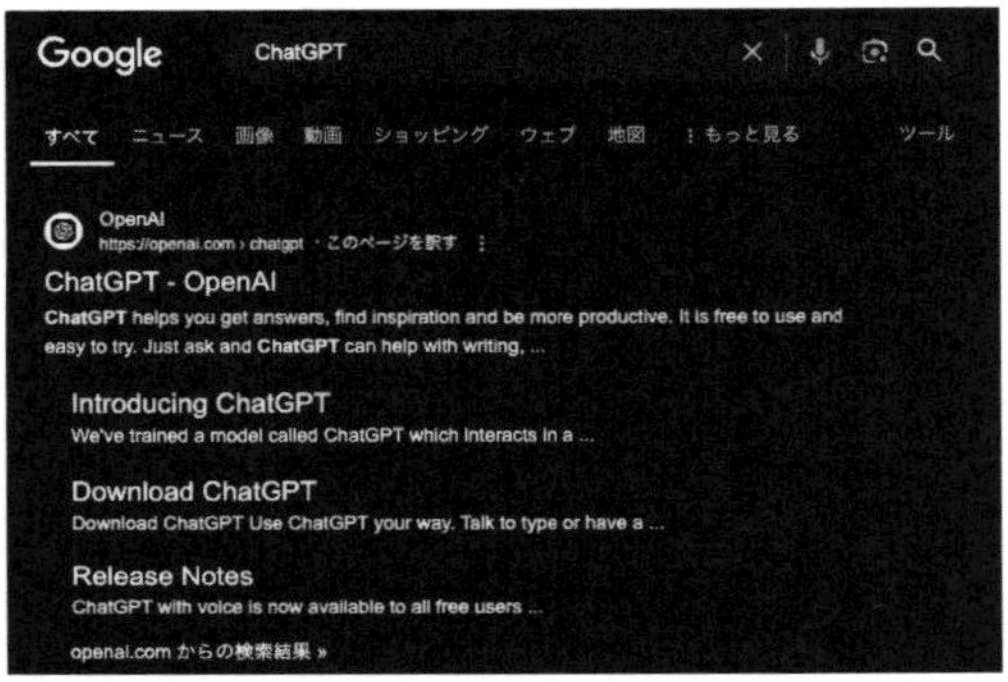

公式サイトにアクセス　Webブラウザを開き、OpenAIの公式サイトにアクセスする

公式サイト:https://chatgpt.com/

2

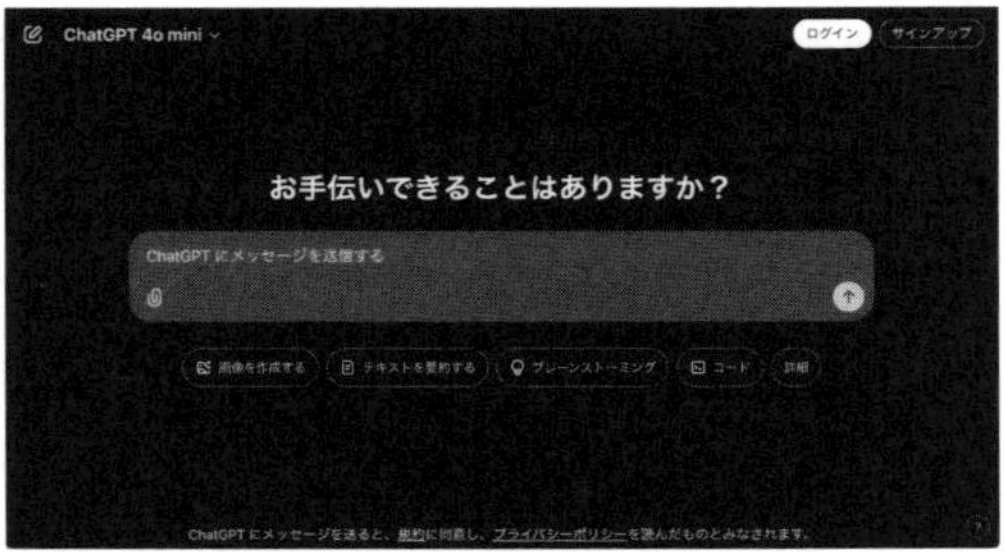

アカウント作成　画面右上の「サインアップ」をクリックする

3

メールアドレスの入力 使用するメールアドレスを入力し、「Continue」または「続ける」をクリックする

4

パスワードの設定 セキュリティを考慮したパスワードを設定し、「Continue」または「続ける」をクリックする

5

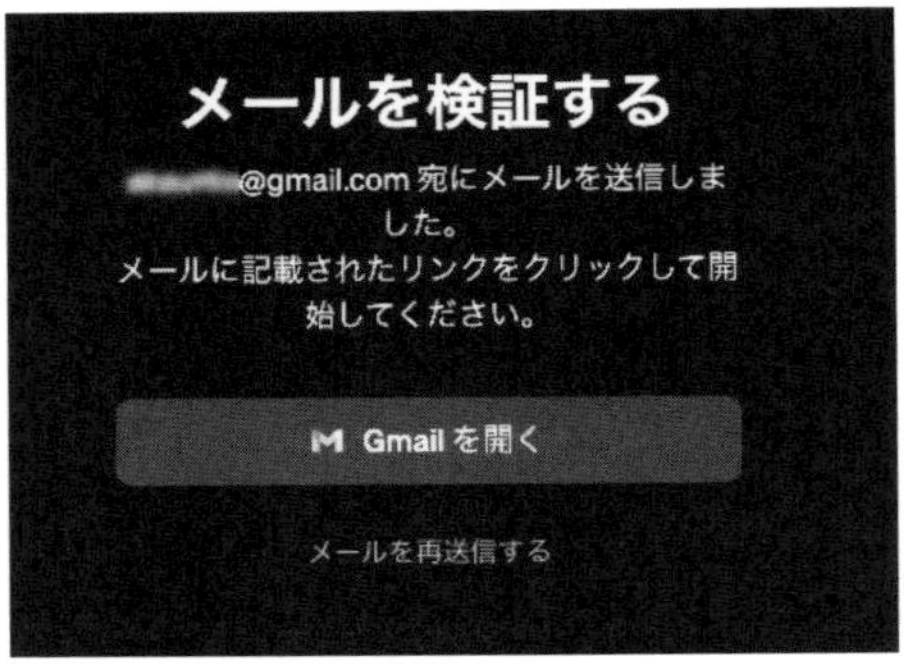
メールを検証する
@gmail.com 宛にメールを送信しました。
メールに記載されたリンクをクリックして開始してください。
Gmail を開く
メールを再送信する

届いたメールが
迷惑メールフォルダ
に入ってしまうことが
あるので注意が
必要ね
?

メールアドレスの確認 入力したメールアドレスにChatGPTからメールが届いたら、メールを開き、「メールアドレスの確認」をクリック。これでメールアドレスの検証が完了

6

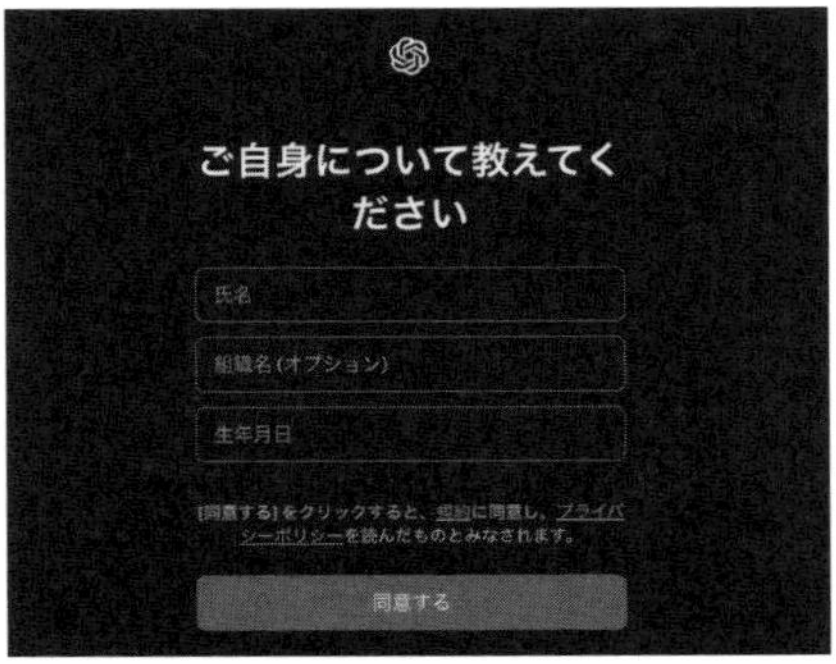
ご自身について教えてください
氏名
組織名（オプション）
生年月日
[同意する] をクリックすると、規約に同意し、プライバシーポリシーを読んだものとみなされます。
同意する

名前と生年月日の入力 名前と生年月日を入力。規約とプライバシーポリシーの内容を確認し、「同意する」ボタンをクリックする（組織名はオプションのチームプランで使うもの。個人なら空欄で進める）

7

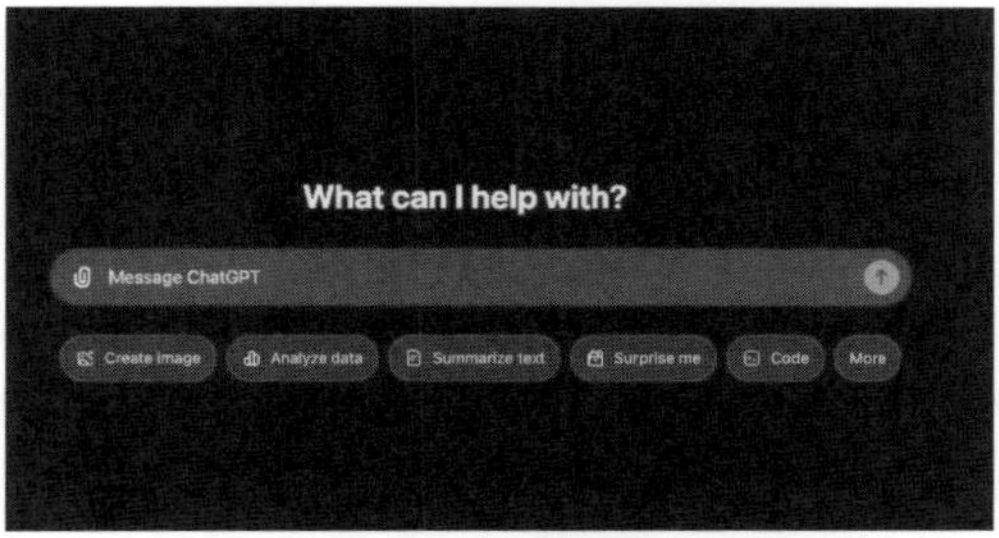
What can I help with?
Message ChatGPT
Create image
Analyze data
Summarize text
Surprise me
Code
More

利用開始　これで登録が完了！　サイトの表記が英語でも、早速、日本語で質問をしても大丈夫

サイトを日本語表記にする方法はP49で詳しく解説しています

スマホでの登録手順(iPhoneの画面で解説)

1

公式サイトにアクセス スマホのブラウザ(SafariやChromeなど)を開き、OpenAIの公式サイトにアクセスする。または、App StoreやGoogle PlayからChatGPTを検索してインストールする(似たようなアプリがたくさんあるので、ロゴや表記を見て公式のものか確認を)

公式サイト:https://chatgpt.com/

2

アカウント作成 アプリを開き、右上の「サインアップ」をタップ。「Googleで続行」または「メールアドレスでサインアップ」をタップする

3

メールアドレスの入力 使用するメールアドレスを入力し、「続ける」ボタンをタップする

4

パスワードの設定 セキュリティを考慮したパスワードを設定し、「続ける」をタップする

5

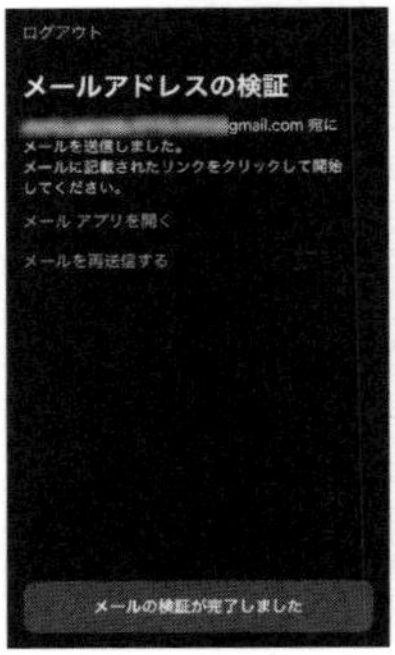

メールアドレスの確認 入力したメールアドレスにChatGPTからメールが届いたら、メールを開き、「メールアドレスの確認」をタップ。これでメールアドレスの認証が完了

6

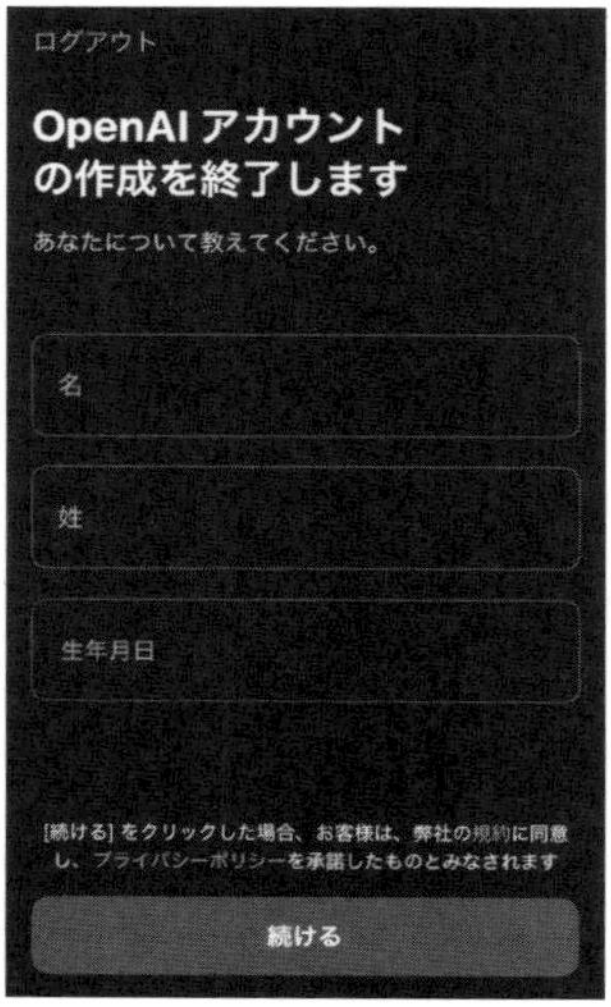

名前と生年月日の入力

名前と生年月日の入力。電話番号を求められた場合は、SMS(ショートメール)を受信できる電話番号を入力し、認証コードの取得、入力をする

7

利用開始 これで登録が完了。トップページから質問を入力すると、ChatGPTが回答してくれる

まとめ

- 登録はとても簡単
- 類似アプリが多いので注意！　公式サイトやOpenAI公式アプリかどうかを確認してから、登録しよう

OpenAIは
ChatGPTを作った
会社名です
AI

アカウントを1つ作れば、
同じアカウントでPCでも
スマホでもログイン
できます。便利ですね

こんにちは
あなたは誰？
AI
私はAIチャットプログラムです。
質問や情報提供、助言をします。
どうぞ気軽に質問してください！
できた！
なんだ
すごく簡単！
返事が速いし
日本語で会話
できるから安心
日本人の
カスタマー
サポートと
やりとりしてる
みたい
ぐっ
AI
さっそく
使ってますね
この前仕事でさ〜
最近困ってる
ことある〜？
AI
生成AIを始めるのって
ハードルが高いと思われ
がちですが
やることは
ただ普通に会話する
だけなんですよね

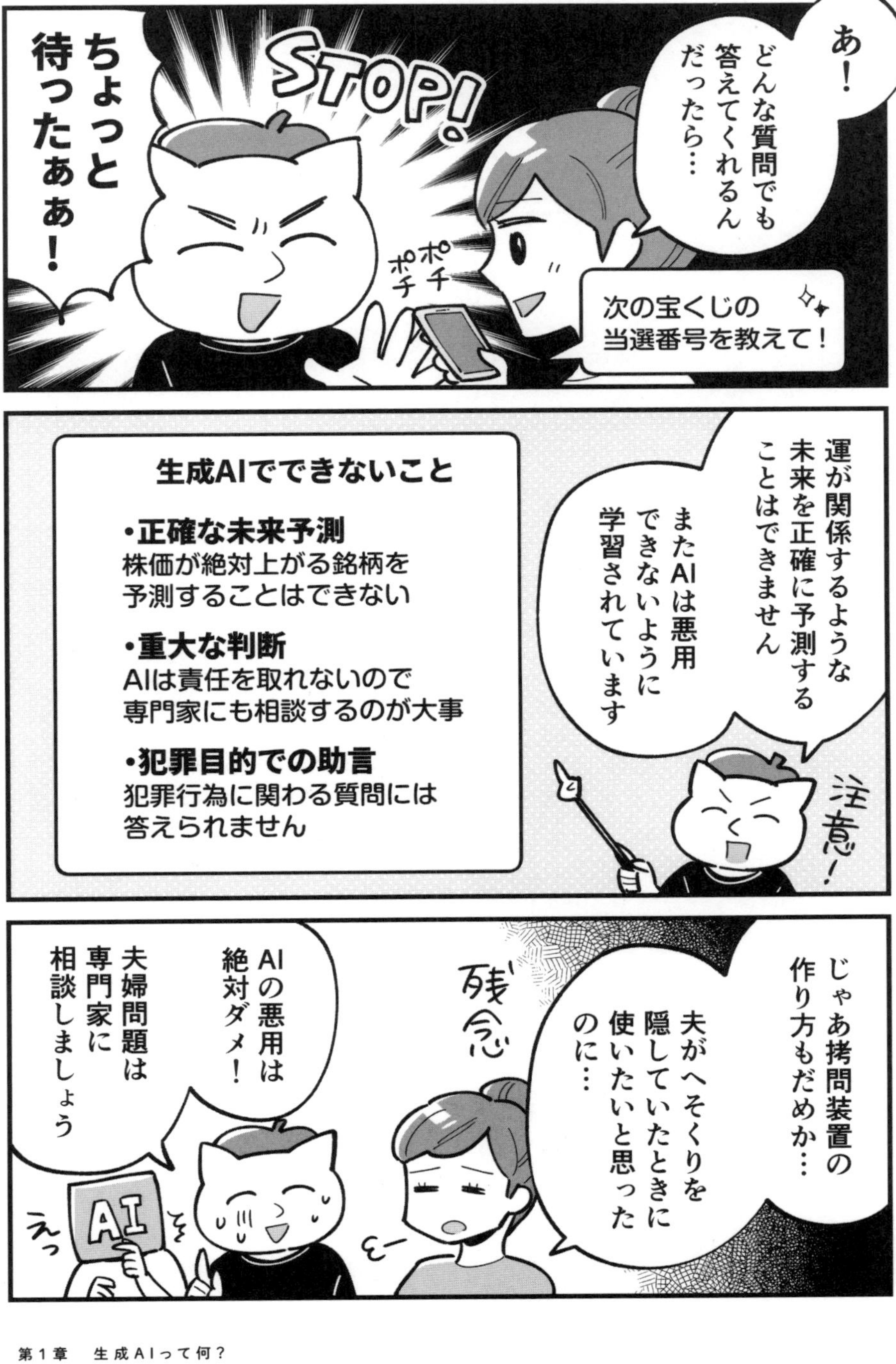
あ！
どんな質問でも答えてくれるんだったら…
STOP!
ちょっと待ったああ！
ポチポチ
次の宝くじの当選番号を教えて！
運が関係するような未来を正確に予測することはできません
またAIは悪用できないように学習されています
生成AIでできないこと
・正確な未来予測
株価が絶対上がる銘柄を予測することはできない
・重大な判断
AIは責任を取れないので専門家にも相談するのが大事
・犯罪目的での助言
犯罪行為に関わる質問には答えられません
注意！
じゃあ拷問装置の作り方もだめか…
夫がへそくりを隠していたときに使いたいと思ったのに…
残念
AIの悪用は絶対ダメ！
夫婦問題は専門家に相談しましょう
AI
えっ

からあげ先生！
AIに文章校正をお願いしたのにイマイチなんです
ほわわ〜
AI
そういうときは**具体的な質問**や**指示**をするといいですよ
デデーン
具体的
具体的？
たとえば生成AIは入社1日目の優秀な新入社員みたいなもので何をしてほしいのか詳しく指示する必要があります
文章を校正して
誤字脱字のチェックだけ？
文法チェックも必要？
文章のターゲット層は？
読みやすさの提案もOK？
AI
ビシッ
フレッシュ！
人にお願いするのと同じように説明するのがコツです
1日目の新人にふわっとした指示は確かにしませんね
私の指示が悪かったんだ
いいよ！
AI

そういったAIへの指示文を『プロンプト』と呼びます
これからよく使うので覚えてくださいね
この文章を校正して
見積もりを比較して
○○について教えて
プロンプト
ぷろんぷと…？
たとえばどちらが作業しやすいですか？
A.質問リストを作成して
B.次の項目を含めた利用者アンケートの質問リストを作成して
・満足度
・使用頻度
AI
絶対にこっち！
ズバッ
ですよね
AIが正確に動作するための指示がプロンプトです
あいまいなプロンプトでは的確な回答ができません
明確な指示を心がけましょう
明日の打ち合わせについての確認メールを送りたいんだけど進捗とか、何が必要なのかとか細かいこと確認して。あ、アレ？何か前話してたのなんだっけ？それも書いてもらえるといいかも。以上いい感じによろしく
ぺらぺら
ぺらぺら
話が長くて何が言いたいかわからないうちの上司かな？

あと大事なのは
ツールだと割り切って
ツッコミまくること
ですね
さっきと話が
真逆ですね？
人間相手で
細かく指示しすぎると
相手はどう感じますか？
あーして
こーしてー
だる
ココア
シガレット
私はやる気が
なくなるかな…
その点AIは
機嫌が悪くなったり
モチベーションの心配を
する必要はありません
いつでも
やる気MAX！
AI
ムキッ
もしAIの回答が
思っていたのと
違うなと感じたら
指示を見直したり
何度も指示を出して
軌道修正するのが
大事です
まとめると
こんな感じです
生成AIとの会話のコツ
・人にするように明確に指示する
・あいまいな表現は避ける
・違うと感じたら方向修正する
AI
なるほど
わかってきました！

今回覚えた
プロンプトのコツは
どの生成AIサービスでも
使えます
わーい
覚えて
損なし
「どういうプロンプトを
書けばいいの?」と
いっそAIに聞くのも
いいですね
AI
AI
KARAAGE
プロンプト
完全に理解
しました
SNSマーケティング戦略のアイデアを
10個提案してください。
・目的: 新規コスメブランドの認知度アップ
・ターゲット: 20〜30代女性
・利用SNS: XとInstagramを想定
・定番から斬新なものまでアイデアが広く欲しい
・効果的なハッシュタグも提案すること
キラ
いい感じ
です!
こんなアイデアは
どうでしょうか?
もっとバズる
企画にして!
違う方向性で
さらに10個!
もう一声!
ゴゴゴ
ゴゴゴ
AI
……使い方は
あっていますね

覚えておいたほうがいいこと・最初にやっておくこと

「プロンプト」これだけ覚える

AIに指示や質問をする文章のことを「プロンプト」と言います。初めてAIを使う人にとっては「なんだそれ？」という用語でしょう。たとえば「今日の天気は？」「猫の絵を描いて」というのもプロンプトです。

プロンプトにより、あなたはAIに指示を出すことができます。抽象的なプロンプトより、具体的なプロンプトを使うことで、ほしい結果をAIから得やすくなります。たとえば「面白い話を書いて」より「子ども向けの短い冒険物語を書いて」のほうが、AIはより的確な回答をしてくれます。

ふむふむ。
指示や質問をする
文章をプロンプトと
覚えればいいのね
?

最初に日本語に設定しよう

GhatGPTの初期設定の言語が英語になっている場合があります。使いやすいように慣れた日本語の設定にしてしまいましょう。

1

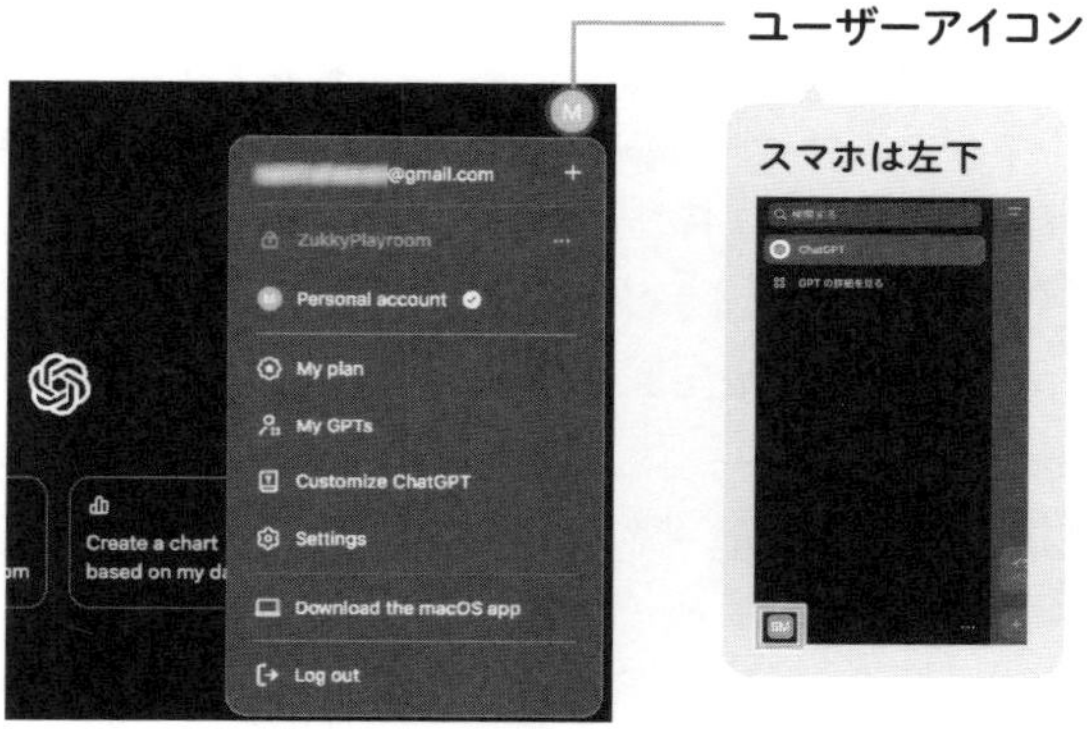

画面右上にあるユーザーアイコンをクリックし、表示されるメニューから「Settings」（設定）を選択

2

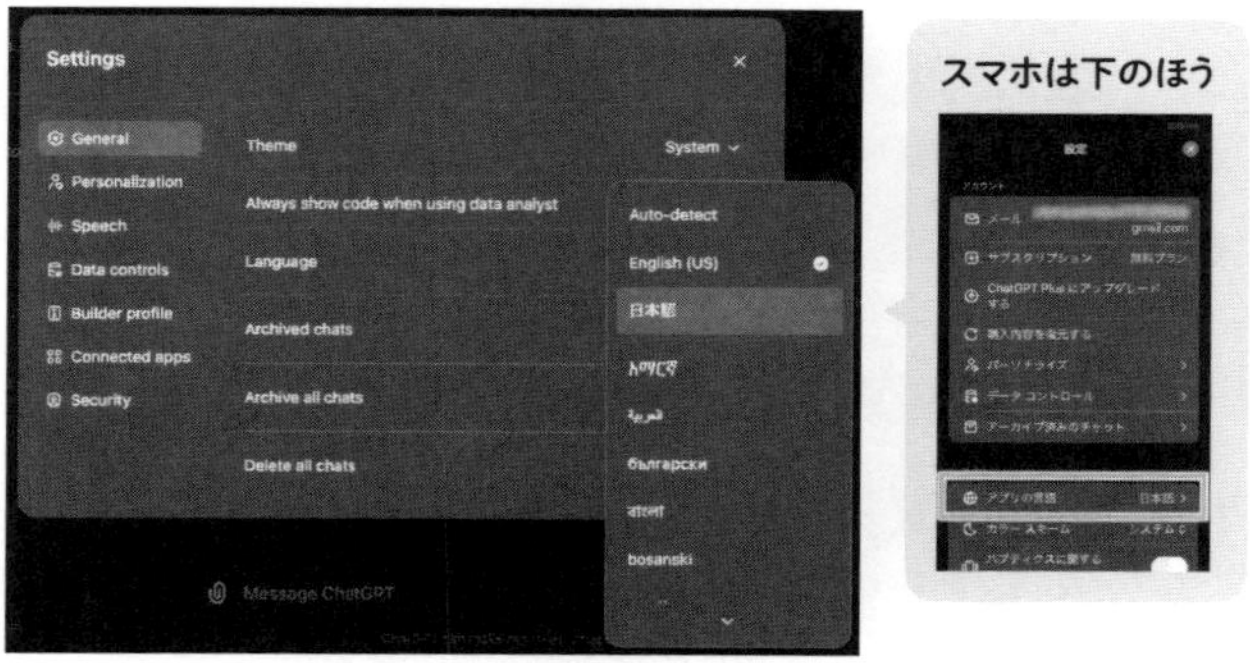

Settingsメニューの「General」（一般）の中にある「Language」（言語）を選択し、「日本語」を選択。Settings（設定）の右上の「×」をクリックして閉じる

基本操作と画面説明（パソコン）

ChatGPTにアカウントを登録後、トップに表示される画面と
基本操作の説明をします。

1 **テキスト入力フィールド** プロンプトを入力する場所。入力したら「⬆」マークが出てくるので「⬆」をクリックするか、「Enter」を押してプロンプトを実行する。改行する際には「Shift +Enter」を押す

2 **音声モード** 縦に4本線の音声波系のマークをクリックすると音声モードになる。声で指示を出し、ChatGPTも声で回答してくれ、人との会話のようにやりとりができる

3 **ChatGPTアイコン** または サイドバー**右上の鉛筆マーク** 新しいチャットを開始できる

4 **GPTを探す** GPTsと呼ばれる、さまざまな目的にあわせてカスタムされた独自のGPTを検索できる機能

5 **サイドバーの開閉** ここでサイドバーの表示と非表示を切り替える

6 **モデルの選択** 使用するAIモデルを選択できる。

7 **チャットの共有** AIとやりとりをすると「**⬆共有する**」というマークが出る。ここから現在のチャットを他の人と共有できる

8 **ユーザーアイコン** ここからChatGPTの応答のカスタマイズや設定の変更を行える

9 **クリップマーク** ファイルをアップロード（添付）するときに使う

10 **「ウェブを検索」モードのオン／オフ** クリックすると、青色になり、ウェブから情報を検索して回答するモードに切り替わる
※「ウェブを検索」モードでプロンプトを実行すると、回答の引用元がわかるようになる

11 **検索** テキストを入力すると過去のやりとりを検索してくれる

12 **過去のチャット履歴** 過去のChatGPTとのやりとりを見たいときにクリック

13 **プロンプト例** クリックすると、プロンプト例を出してくれる。選択肢から選ぶだけで、回答してくれる

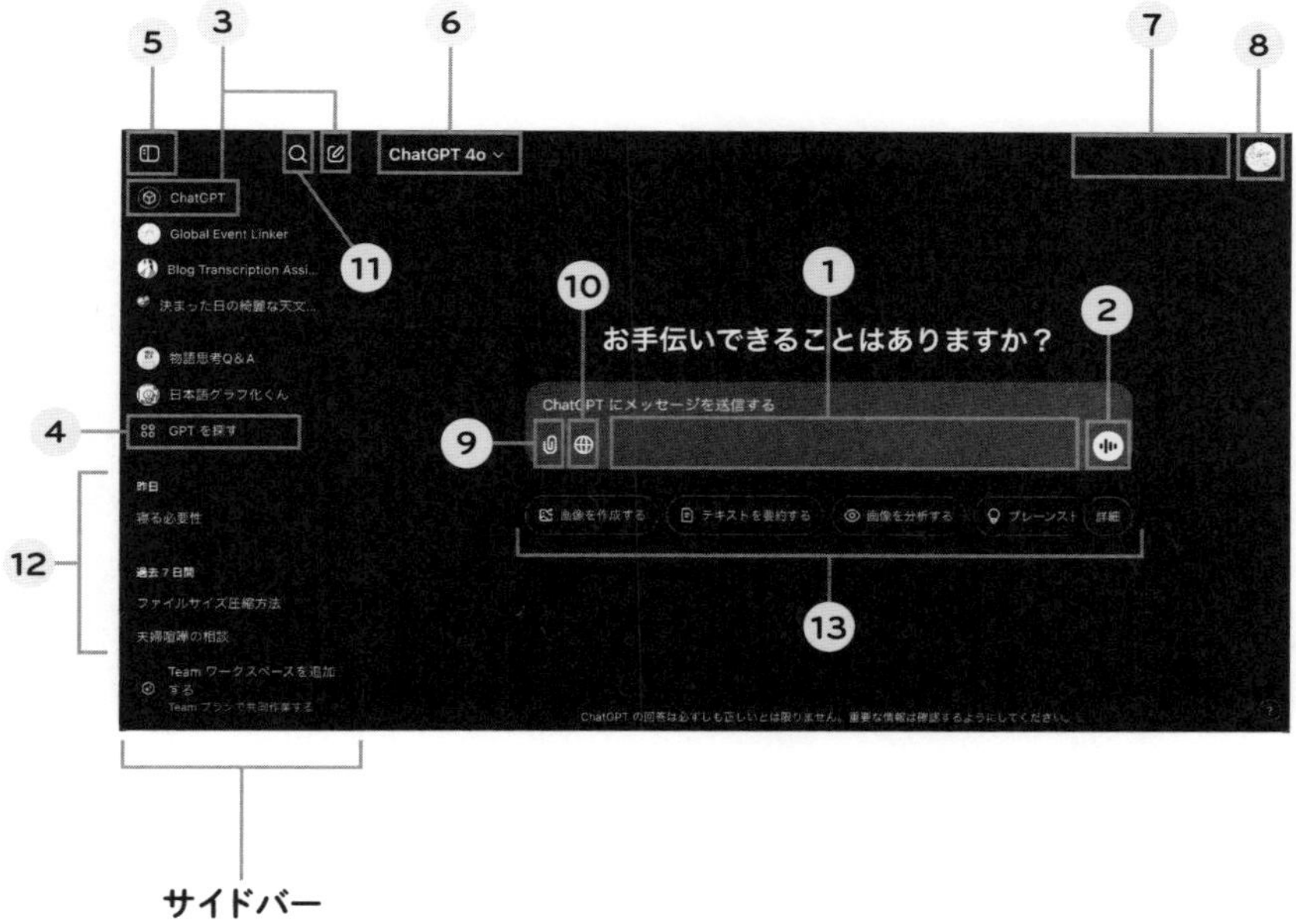
5
3
6
7
8
ChatGPT 4o
ChatGPT
Global Event Linker
Blog Transcription Assi...
決まった日の綺麗な天文...
物語思考Q&A
日本語グラフ化くん
GPT を探す
11
10
1
2
お手伝いできることはありますか？
ChatGPT にメッセージを送信する
9
4
昨日
寝る必要性
12
過去７日間
ファイルサイズ圧縮方法
夫婦喧嘩の相談
Team ワークスペースを追加する
画像を作成する
テキストを要約する
画像を分析する
ブレーンスト
詳細
13
ChatGPT の回答は必ずしも正しいとは限りません。重要な情報は確認するようにしてください。
サイドバー

基本操作と画面説明（スマホ／iPhone）

1 **テキスト入力フィールド** プロンプトを入力する場所。入力後、右側に出てくる「⬆」マークをタップすると実行される

2 **マイクマーク** 音声入力をしたいときにタップ。タップしたら入力したいプロンプトを読み上げる。右に出てくるチェックマークをタップするとテキスト入力フィールド欄に読み上げたプロンプトが表示される。入力後、右側に「⬆」マークが出てくるのでタップすると実行される

3 **音声モード** 縦に4本線の音声波形のマークをタップすると、音声モードになる。声で指示を出すと、ChatGPTも声で回答してくれ、人との会話のようにやりとりができる

4 **＋マーク** 写真やエクセル、テキストファイルをアップロードするときに使う

5 **サイドバーの開閉** ここでサイドバーを表示または非表示にできる

6 **プロンプト例** タップすると表示されているプロンプト例を実行し、回答してくれる

7 **「ウェブを検索」モードのオン／オフ** タップすると、青色になり、ウェブから情報を検索して回答するモードに切り替わる
※「ウェブを検索」モードでプロンプトを実行すると、回答の引用元がわかるようになる

8 **検索窓** 選択してテキストを入力すると過去のやりとりを検索してくれる

9 **ChatGPTアイコン** 新しいチャットを始める

10 **GPTの詳細を見る** モデル名やバージョンなど、使っているGPTの詳細が見られる

11 **過去のチャット履歴** 過去のChatGPTとのやりとりを見たいときにタップ

12 **ユーザーアイコン** 設定を変更したいときにタップ。登録プランの確認、ChatGPTの個人的なカスタマイズ、アプリの言語変更などができる

13 **･･･ボタン** ユーザーアイコンと同じ

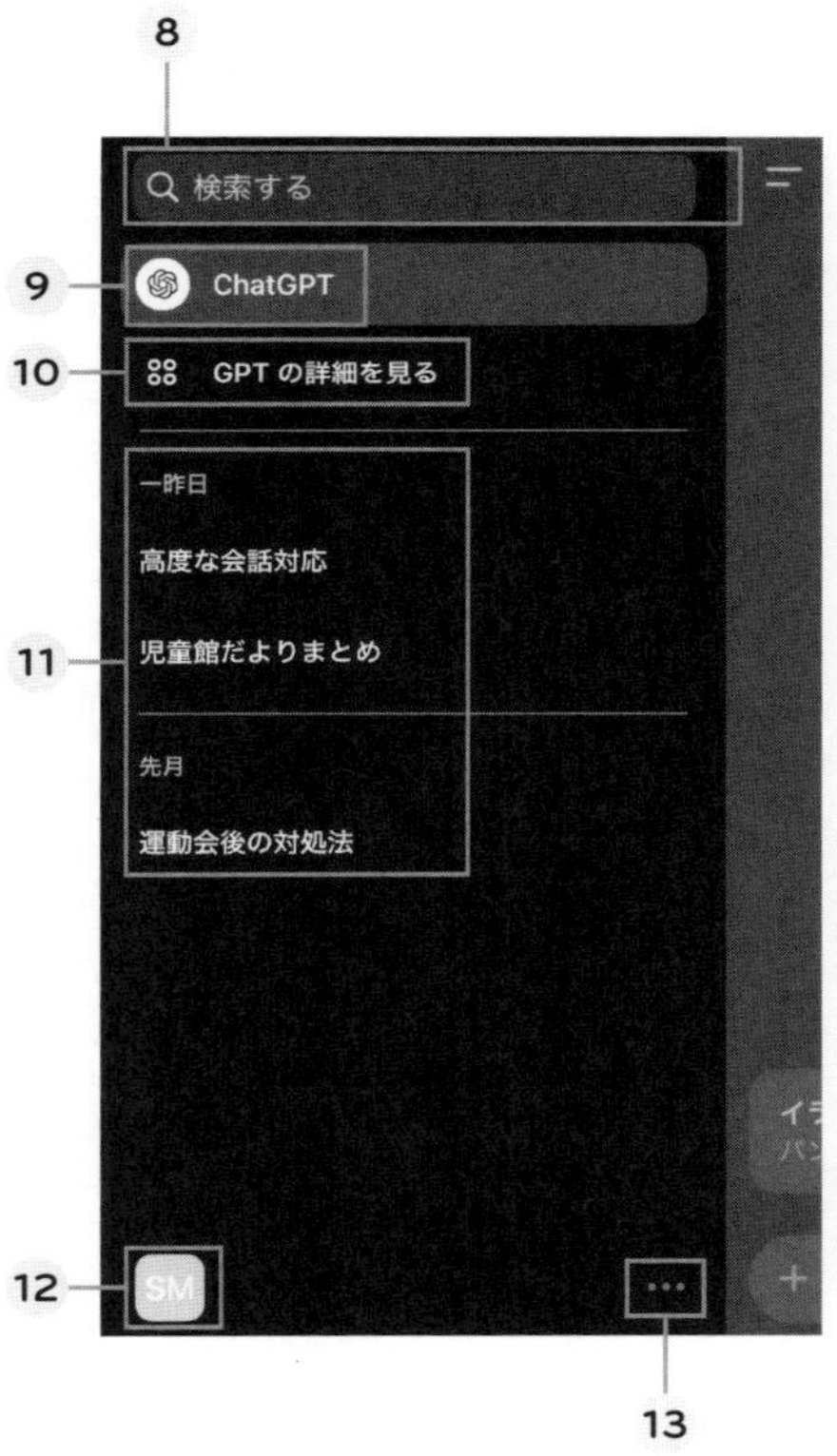
8
検索する
9
ChatGPT
10
GPT の詳細を見る
一昨日
高度な会話対応
児童館だよりまとめ
11
先月
運動会後の対処法
12
SM
13

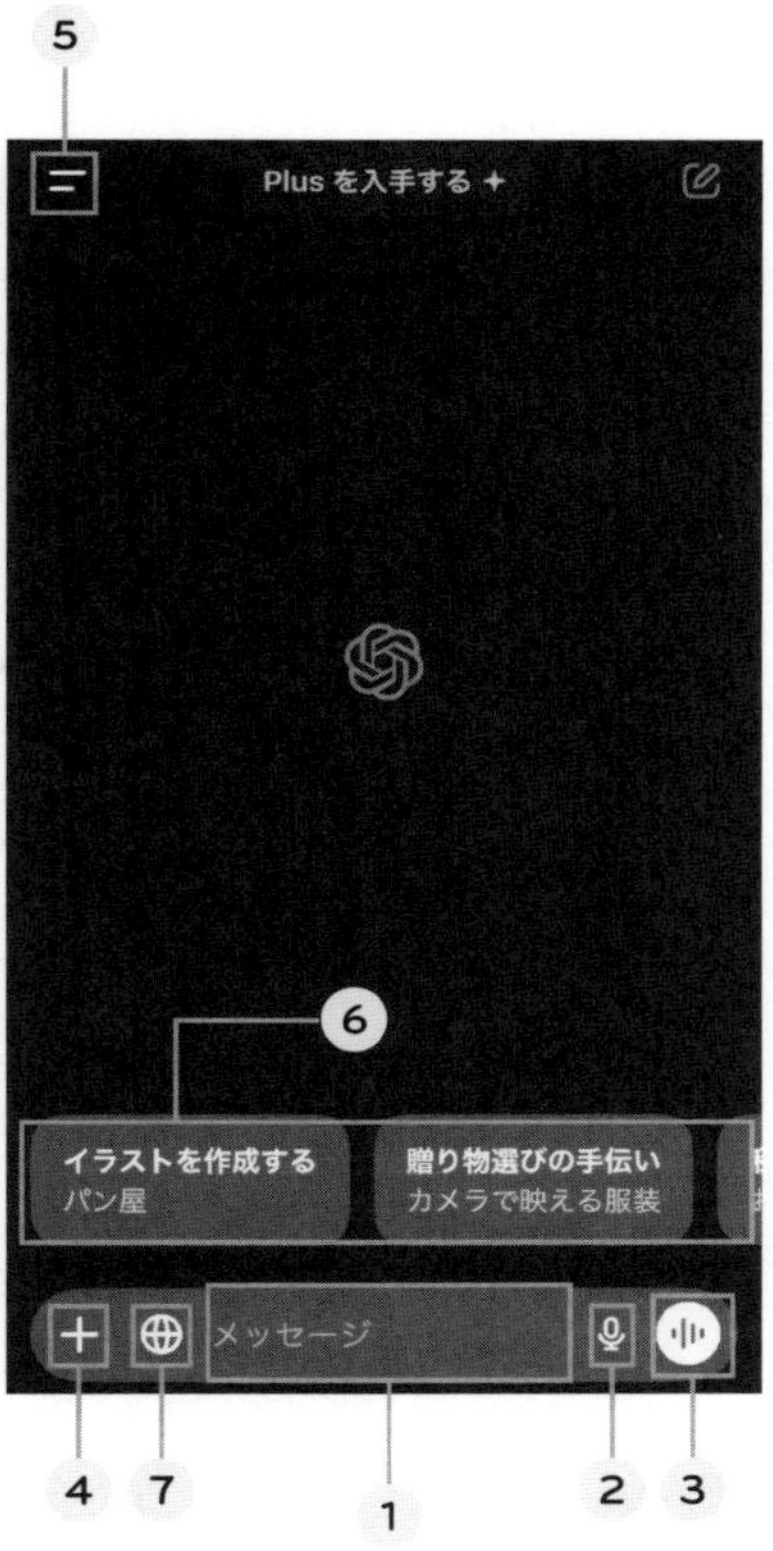
5
Plus を入手する ✦
6
イラストを作成する
パン屋
贈り物選びの手伝い
カメラで映える服装
メッセージ
4
7
1
2
3

プロンプトを入力してみよう

生成ＡＩを使える環境になったら、プロンプトを入力してみましょう。質問と回答例を書いていくので、同じ内容でも自分の身近な例に置き換えても良いので、まずは触ってみてください。

プロンプト：Ａｍａｚｏｎについて教えて

回答：Ａｍａｚｏｎは、１９９４年にジェフ・ベゾス氏によって設立されたアメリカの多国籍企業で、当初はオンライン書店としてスタートしましたが、現在では世界最大級の総合オンラインストアとして知られています。

基本的なことは教えてくれますが、質問が抽象的なので、回答もちょっとネット検索すればわかるような内容です。もう少しシチュエーションを具体的にして聞くとこのようになります。

プロンプト：Ａｍａｚｏｎの人と一緒に仕事をする。どんなことを話題にすればいいかな

回答：Ａｍａｚｏｎの人と仕事をする際に、話題を選ぶポイントは、相手の業務分野や興味、Ａｍａｚｏｎの文化や価値観を踏まえることです。いくつかの話題や切り口を挙げます。

（1）Ａｍａｚｏｎの文化や価値観について

Ａｍａｚｏｎでは「リーダーシップ・プリンシプル」という14の価値観が仕事の基盤になっています。特に意識されている点を聞いてはどうでしょう。（以下、略）

シチュエーションを設定することで回答がより具体的になりました。生成ＡＩは比較も得意です。次のように質問して比較表にしてもらいましょう。

プロンプト：Ａｍａｚｏｎを含め、ＧＡＦＡと呼ばれる企業4社の人とどんな話題があるか、比較表にして

回答：表の通り

ひとつの会社について深く教えてもらうのも良いですが、比較した表を作ってもらうと相対的に理解ができます。

話題のカテゴリ	Google	Apple	Meta (Facebook)	Amazon
テクノロジーの進化	AI研究（Bard、DeepMind）、クラウド技術（GCP）	デバイス最適化（M1/M2チップ）、機械学習	メタバース技術（VR/AR）、AIモデレーション	AWSの進化、物流技術（ドローン配送）
プライバシーとセキュリティ	プライバシー重視と広告ビジネスのバランス	Appトラッキング透明性、セキュアなエコシステム	データ透明性、AIによる虚偽情報対策	顧客データ活用と保護、フィッシング対策
サステナビリティ	データセンター効率化、カーボンニュートラル目標	100%再生可能エネルギー移行、リサイクル	環境負荷低減（VR/ARデバイス）	サプライチェーン効率化、エコ配送
未来ビジョン	AI社会構築、自動運転（Waymo）	Apple Car、ヘルスケア分野の進出	メタバース実現、ソーシャルの新形態	即日配送革命、Alexaの生活自動化

的確な答えがもらえる！プロンプト入力のコツ５選

とりあえず活用してみるのが一番の近道。使い方の正解はありません。でも、「こうすると、的確な回答がもらえる！」「こうすると、なかなか答えにたどりつけない」ということはあります。頭に入れておくと作業がはかどる使い方と、プロンプト入力のコツを紹介します。

1 人にするように指示をする

生成ＡＩには人に指示をするように**具体的に質問や指示を出すと良い回答が得られます。**この本を読んでいるあなたも上司や先輩から指示をされた際に、もっと具体的に言ってくれないか、一例があると助かるんだけどなぁと思ったことがあるのではないでしょうか。生成ＡＩは「優秀な新入社員」と言われます。知識が豊富で優秀なのですが、新入社員なので、具体的に伝え例を示してあげると活躍してくれます。具体的にはこんな指示はどうでしょうか。

プロンプト例

・来週末に予定している会社のイベントの詳細をまとめてください。参加者に配布します。以下の情報を含めてください。1．イベントのスケジュール、2．参加者リスト、3．必要な物品リスト

・競合他社の分析レポートを作成してください。上司への報告に使います。以下の情報を含めてください。1．主要な競合他社、2．競合他社の強みと弱み、3．競合に対する戦略

2 何度もやりとりを重ねる

生成ＡＩの回答は人がしているのかと見間違うほど高精度ですが、回答をしているのは人ではなくＡＩであり24時間毎日対応をしてくれるツールです。**何十回でも何百回でも質問や指示を出すことができます。**この特性を活用し、どんどん指示を出して使い倒しましょう。具体的にはこんな指示はどうでしょうか。

プロンプト例

・ＳＮＳを使ったマーケティング戦略のアイデアを10個出して

→回答後に：もっと具体的なアイデアを10個出して

・新製品のプレゼン資料を作成中です。1．アウトライン、2．各スライドの内容、3．効果的な図表の提案、4．質疑応答の想定質問と回答例、の順でアドバイスをください
↓回答後に：各段階で修正や追加の提案をお願いします

3 してほしいことを伝える

「してほしくないこと」でなく「してほしいこと」を伝えると生成ＡＩにとってわかりやすくなり効果的です。

× 信頼性が低い答えはしないでください
○ 質問に対して具体的なデータや事例を含めて回答してください

4 1プロンプト・1質問

一度に多くの質問を投げかけると、生成ＡＩが対応できないことがあります。質問はひとつずつ、具体的に行いましょう。

× 明日の朝の電車の混み具合予想、映画の上映時間、近くのレストランを教えて

○ 明日の朝の電車の混み具合予想を教えて

5 別の話題にするときは新しいチャットを開く

前後の文脈を無視して、関連性のない質問をすると生成ＡＩが質問の意図を理解することが難しくなり、誤解を招く可能性があります。別の話題にするときは新しいチャットを開くと良いです。

× 質問１．現在の経済状況を教えて。質問２．最近の映画についてどう思う？

○ 質問１．現在の経済状況を教えて。質問２．株価の動向をより詳しく教えて

生成AIは
大量の文章を
学習している、
知識豊富な
新入社員。うまく
使えば何より
強い味方になり
ますよ

音声で操作してみよう

音声入力を活用すれば、文字入力の手間が省けます。パソコンやスマホの種類によっては音声でスムーズな会話もできるようになっています。ここでは、音声入力と音声会話のやり方について説明します。

※お使いの機種によっては、音声でのやりとりができない場合があります。

スマホ（iPhone）での音声入力

- テキスト入力フィールド右にあるマイクマークをタップすることで音声入力ができる。もしくは、テキスト入力フィールドをタップ。キーボードが表示されたら、左下にあるマイクアイコンをタップする
- マイクが起動したら、プロンプトを読み上げる。話し終わると、自動的にテキストに変換される

テキスト入力フィールド

マイクアイコン

マイクマーク

スマホ（iPhone）での音声会話

- トップページ右下の音声波形のようなマークをタップ。少し待つと白と青色の雲が混じり合った動く模様が出てくる。この画面で質問や指示を声で話しかける
- ChatGPTから音声で回答が返ってくる。ChatGPTが話している最中に会話をさえぎって話すこともできる。やりとりのテキストも残る

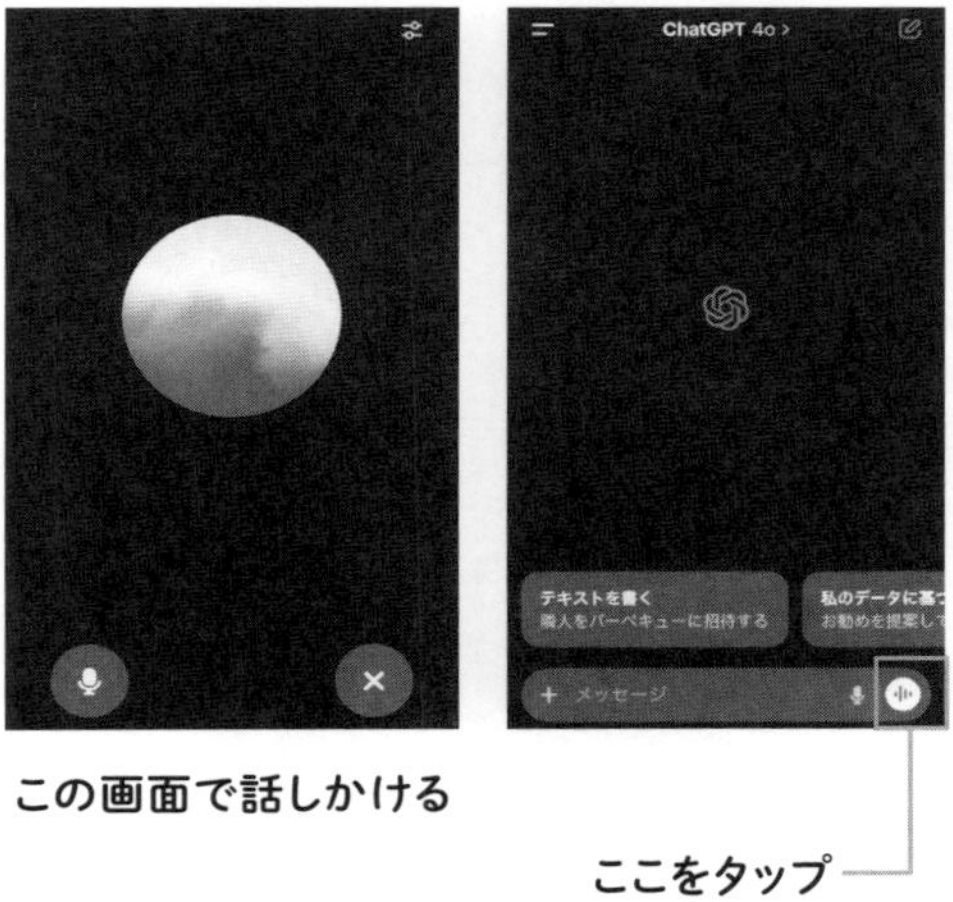
ChatGPT 4o >
テキストを書く
メッセージ
この画面で話しかける
ここをタップ

音声会話は
スマホアプリが
一番簡単で
わかりやすいですよ
AI

パソコン（Windows）での音声入力

- テキスト入力フィールドをクリック。キーボードのWindowsキー「⊞」+「H」（もしくは「⊞」+「ctrl」+「S」）を押すと、音声入力が開始される
- マイクが起動したら、プロンプトを声で読み上げる。話し終わると、自動的にテキスト変換される

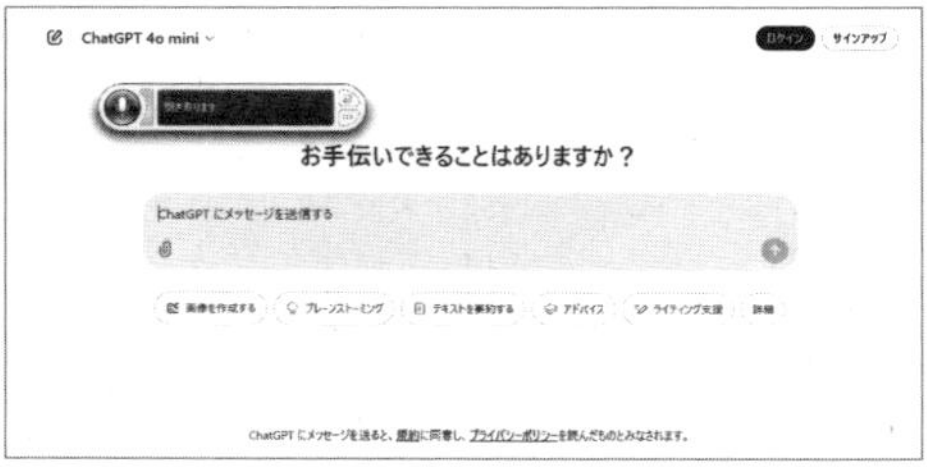

パソコン（Mac）での音声入力

パソコンの設定を確認　「システム環境設定」→「キーボード」→「音声入力」をオンにする

- ChatGPTのウェブサイトを開き、テキスト入力フィールドをクリック。キーボードのマイクキー（キーボード上部のファンクションキーの列にある場合が多い）を押すか、「編集」→「音声入力を開始」と選択すると、音声入力が開始される
- マイクが起動したら、プロンプトを読み上げる。話し終わると、内容が自動的にテキストに変換される

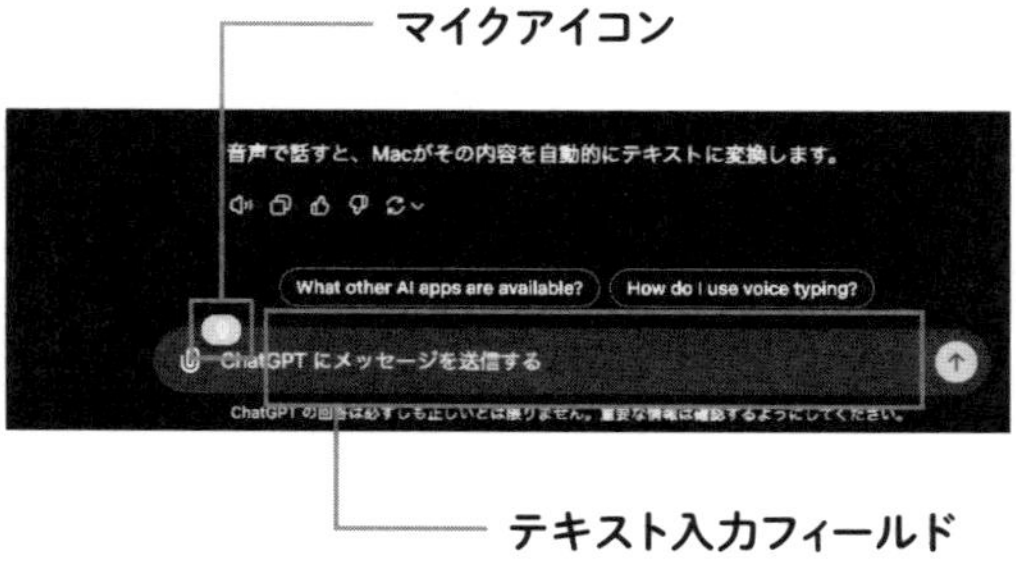

パソコン（Windows・Mac共通）での音声会話

- 音声波系のようなマークをクリックする。少し待つと白と青色の雲で混じり合った動く模様が出てくる。この画面で質問や指示を声で話しかける
- ChatGPTから音声で回答が返ってくる。ChatGPTが話している最中に会話をさえぎって話すこともできる。やりとりのテキストも残る

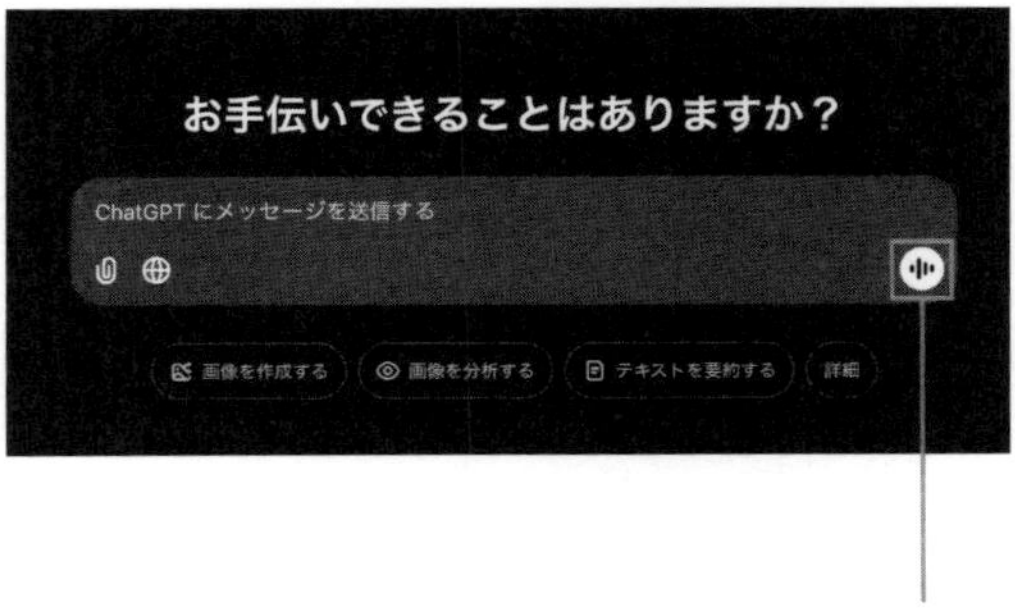
お手伝いできることはありますか？
ChatGPT にメッセージを送信する
画像を作成する
画像を分析する
テキストを要約する
詳細

ここをクリック

デスクトップPCの場合、外部マイク接続が必要です

まとめ

- とりあえず使ってみるのがＡＩを学ぶには早い
- 生成ＡＩを効果的に使うには①具体的な指示と例を示すこと、②ツールと割り切り何度でも活用すること
- 一度に複数の質問をしたり、話しの流れを無視して質問したりすることはやめたほうがいい
- 音声入力をするとテキスト入力の手間がなくなり便利。音声会話により楽に生成ＡＩとやりとりができる

語学学習（P132参照）のときは、音声会話がおすすめですよ
AI

第 1 章 ま と め

- 生成ＡＩは新たなアイデアやコンテンツ（文章・画像・音声等）を作り出す能力を持つ人工知能の一種
- 仕事の効率化ではメールの文案作成、たたき台作りなどに役立つ
- 最初は使い方に戸惑うかもしれないけれど、基本操作はシンプル
- まずは気軽に使ってみるのが一番の近道

column

1

結局どの生成ＡＩ（ＬＬＭ）がいいの？

今、多くの会社が競うように多種多様なＡＩを作っています。有名なところではOpenAI、Anthropic、Googleですが、その他にもベンチャー企業、研究機関等のさまざまな組織が、それぞれの目的でＡＩを開発しています。また、その作られたＡＩのバージョンもつぎつぎとアップデートされています。

こういった状況の中で、新しいＡＩが発表されるたびに「革命的ＡＩ」「他のＡＩは時代遅れ」とセンセーショナルに取り上げられることもあります。これらの情報の多さに、不安になったり、疲れたりしてしまうこともあるかもしれません。

少し極端なことを言えば、普通に生成ＡＩを使うだけなら、有名なものであればどれを使ってもそれほど大きな違いはありません。特に最先端の会社は、激しい性能競争を繰り返しているので、どこかの会社がすごい生成ＡＩを発表したとしても、また数ヶ月後、ときには数週間後にはまた別の会社がよりすごい生成ＡＩを発表しているというのが現状だからです。専門家でもついていくのが大変なのが実態ですので、一般のユーザーであればなおさらでしょう。

　その上、生成ＡＩがつぎつぎと変わっても、この本で学ぶような基礎的なところは、そう大きくは変わりません。新しい生成ＡＩになっても、今まで使っていたプロンプトのほとんどは使えるはずです。生成ＡＩはどんどん賢くなっているので、むしろ同じ質問でもより賢い答えが返ってくることがほとんどでしょう。

　技術の進歩に大げさに一喜一憂したり、振り回されたりする必要はありません。同じ生成ＡＩを使い続けていたら、どんどん生成ＡＩが賢くなってラッキーくらいに思っておくのが、使う側にとっては、効率の良い生成ＡＩの使い方だと思います。

次の章では、
あなたの仕事を
わたしが片っ端から
バシバシ片付けて
いきますよ
ババババババババ
AI

第 2 章

生成AIで
仕事を効率化

作業時間がぐっと短縮！

・メールのたたき台
・プレゼン資料の構成作成
・エクセルでグラフ作り
・長文PDFの要約
・企画アイデア出し

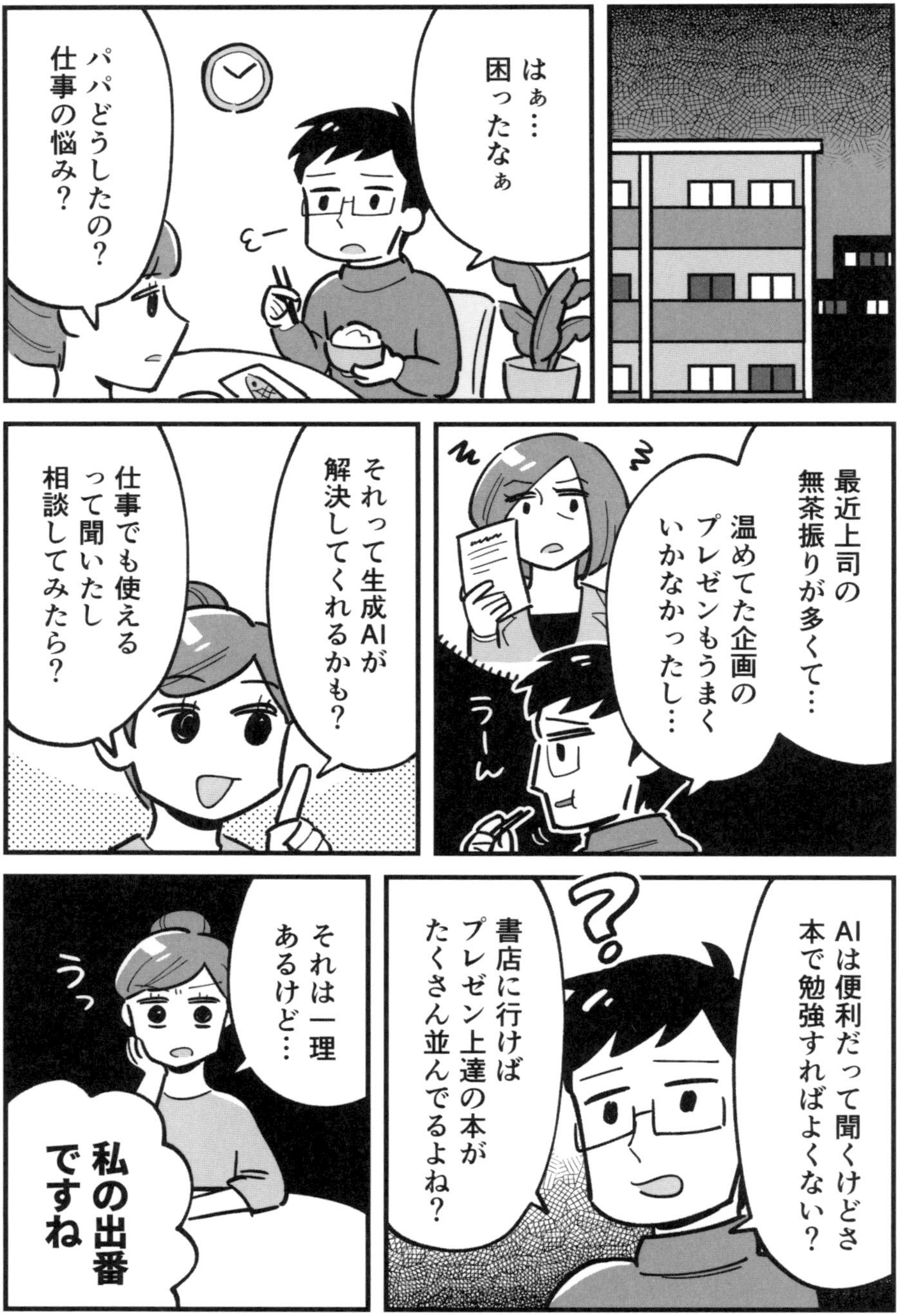
はぁ…困ったなぁ
パパどうしたの?仕事の悩み?
最近上司の無茶振りが多くて…
温めてた企画のプレゼンもうまくいかなかったし…
うーん
それって生成AIが解決してくれるかも?
仕事でも使えるって聞いたし相談してみたら?
AIは便利だって聞くけどさ本で勉強すればよくない?
書店に行けばプレゼン上達の本がたくさん並んでるよね?
?
それは一理あるけど…
うっ
私の出番ですね

からあげ先生！
おじゃまします
本も役立ちますがAIなら個々の悩みに応じた的確なアドバイスが受けられますよ
ババーン
パパこの人だれ…？
からあげです
ちょっと相談してみますか？
30代中間管理職の悩みを書き出して
AI
・上司からの急な依頼
・上司と部下の板挟み
・部下の育成サポート
・部下とのコミュニケーション不足
・チームのモチベーション維持
・人事評価
・ワークライフバランスの悩み
・自身のストレス管理
わーわー
怖い！心読まれてる!?
AIはこういった管理職の問題も理解しているので具体的にアドバイスしてくれます
？
なるほど事情に詳しいメンターみたいなものですね
人に相談しにくい内容も気軽に相談できるよ

AIはデータをもとに分析するので感情に左右されないのも良い部分です
パパさんは同僚との悩みが多そうですね？
AI
そうなんです上司からの無茶振りや部下の指示出し…
毎日試行錯誤しています
AIにも解決案を聞いてみましょう
上司からの無茶振りをやんわり断る方法は？
AI
・感謝の気持ちと現状の共有
「ありがとうございます。ただ、今Aプロジェクトに集中しており、難しいかもしれません」
・代替案の提案で建設的に応じる
「Bさんと一緒に進める形なら対応できると思います」
・対応可能な時期の提案
「今週は厳しいですが、来週ならいかがでしょうか？」
AI
すごい！明日から使えそうなアドバイスだ！
他には部下との雑談で悩んでて…会話が続かないんです
若いメンバーとの距離感が特に難しいんですがコツはありますか？
子ども
仕事
天気
ごはん
それも聞いてみましょうか
OK!
AI
つんつん

年齢が一回り離れた
部下たちとの雑談のコツは？
AI
相手の話に興味を持ち、共通点をみつけて
自然なやりとりを心がけるのが重要です。
・趣味、興味を聞いてみる
・相手の話をよく聞く
・自分が共感できる話題を探す
・トレンドの話題を出す
なるほど！そうやって話題を振れば良いのか
個人的な趣味の話は今まであまりしていなかったかも…もっと相手の話を引き出すように意識してみよう
最近の映画の話ならできるかな？
AIは新しい視点やアイデアをくれるので考え方が広がります
あとプレゼンのときいまだに毎回緊張するんですよね
特に質疑応答とかぶっつけ本番の会話が苦手で…
えーとその…
それなら**AIと音声会話でプレゼン準備は**どうでしょうか？
音声会話？

ChatGPTには音声会話機能がありより会話っぽくやりとりができます
こんにちは！何かお手伝いできることはありますか？
日本語の発音に違和感がない！
ムキッ
まずは質疑応答で聞かれそうな質問と回答をAIに一覧にしてもらい…
添付の資料を読んで、
プレゼンで出そうな質問と
回答をまとめてください。
[添付]プレゼン資料.ppt
質疑応答の練習をしたいです。
添付の質問リストを使って
私に質問してください。
回答の改善案があれば
都度提案してください。
[添付]質問リスト.txt
そのあと音声会話モードで質疑応答の練習ができます
ファイル添付もできる！
AIがその都度指摘してくれて回答が洗練されていきます
こういう伝え方はどうですか？
詳細なデータや事例を出して説得力を高めましょう
そういう使い方もできるとは！

AI相手なので失敗を気にする必要はありません
むしろ何度でも挑戦するチャンスです！
生成AIとのプレゼン練習のメリット
・何度でも繰り返し練習できる
・人の目を気にしなくていい
・色んな状況を想定できる
AI
次のプレゼンはうまくいきそうな気がしてきた！
よしっ
本番もがんばってくださいね
わー
後日
パパまだ起きてるのかな…？
ねぇ、AI
僕のこと褒めてくれない？上司と部下に挟まれてるだけのさえない会社員なんだけど…
そんな状況でもがんばれるのは忍耐強い証拠！
仕事と家庭を両立してて本当に尊敬！
AI
ぐっ
うちの夫疲れてるかも…

仕事にどう取り入れる？

第2章では、生成ＡＩを仕事にどのように活用できるのかを具体的に紹介します。コミュニケーションと対話、データ処理と分析、アイデア出しの３つのカテゴリに分け、仕事の効率化に繋がる生成ＡＩの活用法を解説します。

1　コミュニケーションと対話　メールの下書きや謝罪文の作成は、たたき台があると、さくさく進みます。初対面の人への自己紹介文、打合せ前の質問リスト作りなどもできます。

2　データ処理と分析　面倒で単調なデータ処理のような繰り返し作業こそ、生成ＡＩに任せましょう。エクセルやＰＤＦファイルのアップロードの仕方もここで解説します。

3　アイデア出し　問題の解決策や新しいアイデアを提案してくれます。「明日までに企画10本考えてきて」なんていう上司の無茶振りにも対応可能です。

❶コミュニケーションと対話

コミュニケーションは、ビジネスにおいて欠かせないスキルです。しかし、適切な言葉を選び、効果的に自分の考えを伝えることは、簡単なことではありません。ＡＩを活用することでコミュニケーション能力を大きく向上させることができるとしたら、試してみたいですよね。

ビジネスコミュニケーション

相手の立場を思った発言やわかりやすい文章は良い関係性を作り、仕事をスムーズに進める助けになります。しかし、日々の仕事に追われる中で適切な言葉を選んでメールを書いたり、謝罪文を作成したりすることは多くのエネルギーを要します。ＡＩの力を借りることでこれらのタスクを効率的に行いましょう。

ChatGPT　Gemini　Claude　Copilot

おまかせ！プロンプト

メールのたたき台を作ってほしい

仕事先に提案書を送るメールを作成する際、

「新しい提案書を仕事先に送るためのメールを作成して」

とプロンプトを入れると、次のようなメールの下書きを作ってくれます。

件名：新しい提案書のご案内
[仕事先] 様

お世話になっております。[名前] です。
本日は、弊社の新しい提案書を送付させていただきます。
ご多忙中とは存じますが、ご確認のほどよろしくお願いいたします。
何かご不明な点がございましたら、お気軽にお問い合わせください。

[あなたの名前][あなたの連絡先]

このように、基本的な構造が整ったメールのたたき台を生成してくれるので、あとは具体的な内容を追記するだけで完成します。

ChatGPT　Gemini　Claude　Copilot

おまかせ！プロンプト

メールの使い方
アイデアいろいろ

●届いたメールの内容（個人情報を除く）をコピーして貼り付け、

「届いたメールのポイントを箇条書きにして」

とプロンプトを入れて、内容の整理をしてもらう

●知りたい内容を箇条書きにして、

「問い合わせをするメールの文章にして」

とプロンプトを入れて、問い合わせメールを下書きしてもらう

●難解な長文メールの内容（個人情報を除く）をコピーして貼り付け、

「小学生にわかるように要約して」

とプロンプトを入れる。要約の内容が理解できたら、

「このメールの返信を作って」

とプロンプトを入れて、ビジネスメールを下書きしてもらう

ChatGPT　Gemini　Claude　Copilot

おまかせ！プロンプト

謝罪文を作ってほしい

仕事では謝罪文を送らなければいけない場面があります。謝罪文をゼロから考えて作るのは大変ですが、そういった場面になったら素早く対応したほうがあとの傷は小さく済む場合が多いでしょう。しかし、手がなかなか動かない……そんなときはAIを頼りましょう！　たとえば、

「製品の納期が2週間遅れたことの謝罪文を作成して」

とプロンプトを入れると、謝罪文のたたき台を作ってくれます。

件名：納期遅延に関するお詫びとご報告
[仕事先] 様

平素より弊社製品をご愛顧いただき、誠にありがとうございます。
この度は、ご注文いただいた製品の納期が当初のお約束から2週間遅れてしまい、ご迷惑をおかけしておりますこと、心よりお詫び申し上げます。
遅延の背景には、主要部品の供給に予期せぬ遅れが生じたことがございます。しかしながら、これはあくまでも経緯の説明であり、決してお客様へのご迷惑を軽視するものではございません。弊社の在庫管理と生産計画により綿密な注意を払うべきであったと、深く反省しております。

⋮

この度の納期遅延により、○○様のご計画に支障をきたしてしまいましたこと、重ねてお詫び申し上げます。信頼回復に向けて誠心誠意努めてまいりますので、何卒ご理解とご寛容を賜りますようお願い申し上げます。
今後ともご指導ご鞭撻のほど、よろしくお願い申し上げます。

［あなたの社名］［あなたの名前］

AI

回答の文章に突っ込みを入れたい箇所があったり、クオリティが低い場合があるかもしれないですが、たたき台があると気持ちもラクになります。AIを活用して文案を作り、それをもとに謝罪文を送り、次の仕事に移っていきましょう。

自分で作った文章を
最後に貼り付け、
「校正して」と伝えれば、
誤字脱字も防げますよ

ChatGPT　Gemini　Claude　Copilot

おまかせ！プロンプト

打ち合わせの質問リストがほしい

打ち合わせ前に質問リストを用意しておくと話がスムーズに進みます。AIに必要な情報を渡し、良い打ち合わせに繋がるような質問リストを作っておいてもらいましょう。たとえば、

「お客さんとの新しいプロジェクトの
打ち合わせの質問リストを作って」

とプロンプトを入れると、次のようなリストを提供してくれます。

1　**新プロジェクトの主要な目標は何ですか？**
2　**予算とスケジュールを教えてください。**
3　**プロジェクトの成功指標はありますか？**
4　**主要なリスクとその対策について議論したいです。**
5　**我々の役割と責任範囲を確認したいです。**

AIが提供する質問リストをもとに、自分たちが聞きたい情報を整理しておくと、あとであれを聞いておけば良かった、というような手戻りを減らせ、打ち合わせを効率的に進めることができます。

コミュニケーションのサポート

仕事が長く続けられるかどうかは、一緒に働く人たちとの良好な人間関係にかかっていると言われます。自己紹介、面接、職場での悩み相談など、さまざまな場面でのコミュニケーションが重要です。これらの場面では、適切な言葉選びと事前の準備が成功の鍵となります。ＡＩを活用して準備することで、自信を持って臨むことができます。ＡＩを味方につけて、より良い職場関係を築きましょう。

文章の作成に便利なのはわかったけど。話す場面でも役立つの？
?

読み原稿作成はもちろん、音声会話認識が可能な生成AIなら、面接などの会話練習もできますよ
AI

ChatGPT　Gemini　Claude　Copilot

おまかせ！プロンプト

自己紹介を考えて

自己紹介は新しい職場や交流の場で自分を知ってもらう大切な手段です。AIを使って準備をし、第一印象を良くしてみてはどうでしょうか。

「自己紹介の内容を考えて。
営業を8年している30歳で、趣味は読書と旅行」

とプロンプトを入れると、次のような案を出してくれます。この回答をもとに、自分の言葉で調整したり、具体的なエピソードを追加したり、活用してみてください。

はじめまして、[名前] 30歳です。

前職では8年間、営業として顧客との関係構築や新規開拓に携わってまいりました。この経験を活かし、新しい環境でも積極的にコミュニケーションを取り、チームに貢献していきたいと考えています。

プライベートでは読書と旅行を楽しんでいます。読書を通じてさまざまな知識や視点を得ることができ、旅行では新しい文化や人々との出会いが私の視野を広げてくれます。これらの経験は、仕事においても柔軟な思考や多様性の理解に繋がっていると感じています。

どうぞよろしくお願いいたします。

ChatGPT　Gemini　Claude　Copilot

おまかせ！プロンプト

面接の練習相手がほしい

就職や転職の面接は多くの人にとって緊張する場面です。AIを使って練習をしておくことで話す言葉に自信を持ち、緊張を和らげる手助けになります。

「就職の面接練習をしたい。面接官になって質問をして」

とプロンプトを入れると、次のような質問をしてくれます。

①あなたの強みと弱みは何ですか？
②この会社を選んだ理由は何ですか？
③過去にぶつかった課題と解決した方法を教えてください。

テキストでのやりとりも良いですが、音声認識が可能なAIだと声でのやりとりができ、よりリアルな面接の練習になります（2024 年 12 月時点で ChatGPT のパソコンとスマホアプリ、Gemini のスマホアプリで音声会話が可能）。

ChatGPT Gemini Claude Copilot

おまかせ！プロンプト

会社内の人間関係の悩み相談

職場での人間関係の悩みは誰にでもあります。渦中にいると客観的に考えるのが難しく、悩みが解決できないことも多いものです。そんなときにはAIに相談をしてみましょう。AIは客観的な意見や具体的な解決策を出してくれます。たとえば、

「上司との関係性が良くない。どうすればいいか」

とプロンプトを入れると、下記のように教えてくれます。

①上司の仕事スタイルや優先事項を理解するよう努めてみよう。

②上司からのフィードバックは、建設的な意見として素直に受け止め、改善に活かしてみよう。

③必要に応じて、人事部門や信頼できる同僚にアドバイスを求めることも検討しよう。

④上司から期待されていることと、仕事での目標とを分けてもらおう。

すべてがそのまま使えるようなアドバイスではないかと思いますが、このようなアドバイスを参考にし、自分の状況に合わせて使えそうなアイデアを活用してみましょう。

プレゼン資料の案出し

プレゼンテーションの資料作成は会社員にとって大切なスキルです。しかし、プレゼン資料をパワーポイントで作るとなると、どういう構成にするか、何を調査する必要があるかなどと、どこから手をつけていいのかわからなくなる場合があります。まずはＡＩに案を作ってもらうのはどうでしょうか。

大まかな構成案から、
調査まで請け負います。
深掘りするときは、
会話の流れで聞いて
くださいね
AI

ChatGPT　Gemini　Claude　Copilot

おまかせ！プロンプト

プレゼンの構成案を作ってほしい

プレゼン資料を作らないといけないのに、どうにも気乗りしない。

そんなときは、

「環境保護についてプレゼンの構成を考えて」

とプロンプトを入れると、次のような提案をしてくれます。

①導入部分（プレゼンの目的と背景説明）

②現在の環境問題（データと統計）

③環境保護の重要性（具体例と影響）

④取り組み事例（企業や個人の成功事例）

⑤まとめ（今後の展望と行動の呼びかけ）

追加で、

「上記の②現在の環境問題について、具体的に3つ教えて」

とプロンプトを入れると、下記のように回答してくれます。

② 現在の環境問題（データと統計）

1　気候変動と地球温暖化

気温の上昇、極端な気象現象の増加など、気候変動の具体的なデータと統計を紹介します。たとえば、過去 100 年間の気温変化のグラフや、異常気象による被害額など。

2　海洋汚染とプラスチック問題

海洋汚染の現状を示すデータや統計を紹介します。たとえば、海洋に流出するプラスチックの量や、プラスチックが生態系に与える影響についての研究結果など。

3　森林破壊と生物多様性の減少

森林破壊による生物多様性の減少に関するデータや統計を提供します。たとえば、年間に失われる森林面積や、絶滅の危機に瀕している動植物の種類など。

このようなプレゼンの案を出してもらえると、ここはそのまま使えるな、ここはちょっと違うな、といったように調整をすることで資料の骨組みができていきます。

仕事では人に聞いたり相談するのは相手の時間を使ってしまうことになりますが、AI相手であれば 24 時間いつでもこちらの都合で質問をしたり、依頼をすることができます。

明日の打ち合わせの準備はオッケー
取引先へのメールも送った！
るんるん♪
メール作成をAIに手伝ってもらったら楽になったかも！
わーい
生成AIを仕事でも使い始めているようですね
からあげ先生!?
ヌッ
ババン
でも使い方が甘いです！
もっと効率化する方法を伝授します！
AIをうまく使えば1日の作業時間を短縮できます
まずAIが普段の仕事のどこで役立つか考えてみましょう
今度始まる新企画でAIに助けてもらえる部分ってありますか？
いいですね

企画初期から
AIは多くの場面で
活躍しますよ
新規企画でのAI活用法
市場調査・アイデア出し
タスク整理と優先順位
資料作成サポート
手伝ってもらえたら
助かる部分ばかりだけど…
本当にそんな
うまくいくのかな？
市場調査・アイデア出し
AIは**大量のデータ**を
分析するのが得意！
人間がやると
何日もかかる
データ分析も
AIは**わずか数分**で
終わらせることが
できます
AI
要点
どうぞ！
SNSやレビューを
解析してもらえば
消費者が求めている
ものが見えてきます
パアアア
AI
浮いた時間で
人間が次の戦略を
じっくり考えられる
んですね！

次にアイデア出し！
膨大な学習データを持つAIの得意分野です
今までにない斬新な商品のアイデアを考えて
AI
・寝相で変形するベッド
・自動で洗濯物を畳むロボット
・夢を録画できる夢カメラ
・磁気で浮く浮遊デスク
市場調査の結果をもとにアイデアも出せます
キリッ
AI
アイデア
タスク整理と優先順位
次はタスクの洗い出しなんですがやることが多くて…何から始めよう？
新規製品開発において、タスクをすべて洗い出しマイルストーンを設定してください
これだけでOK！
過去プロジェクトからAIに汎用タスクリストを作ってもらうのもいいですね
私タスクの優先度を考えるのが苦手です
全部重要に見えちゃって…
うーん
差し込みが入ったりタスクが多いと混乱しますよね
AIなら優先度別に整理してくれるので早いですよ
これは重要じゃない…
AI
重要
普通

またAIは過去データをもとに将来起きそうな問題の予測ができます
データによると
このタスクは進捗が遅れやすいので、2日ほど余裕を持たせてください
AI
リスクの見える化大事ですね！
それでも問題が起きたら？
状況をそのまま伝えて解決策を提案してもらうのがオススメ！
工程Bでトラブルが起きたんだけどどう解決すればいい？
遅延が発生しているので原因究明と対策案を提案してくれる？
AIに情報整理させれば何から始めるべきか考える時間が減って取りかかるハードルも下がりますよ
資料作成サポート
資料作成のような気が重い仕事にこそAIを使ってほしい！
ドドン！
CONFIDENTIAL
新企画提案書
メモ書きや報告書議事録をまとめて資料のベースをシュバッと作成！
ぐわっ

資料に載せる
イメージ画像の生成や
アンケート結果から
自動でグラフ作成も
できます
シャラ〜ン
AIが資料の大枠を作って
人間は細かい内容や
わかりやすさの部分に
時間を使えます
ポンッ!
ポポ
ポン
エクセルの数式も
目的を伝えればサクッと
作ってくれますよ
毎回ネットで
関数の使い方を
検索しなくてOK!
ずら〜り
=SUM(A1:A10)
=TODAY()
Excel
仕事中の「手間だな…」と
思う部分に
AI活用のチャンスが
あります!
どうでしたか?
AI
AIが人類を
導いてくださる
パアア
アアア
AIに身を
委ねよ!
!?
AI
すごいことに
なってますね…
ドーン
ドコ
ドーン
ドコ

たしかにAIは便利ですが鵜呑《うの》みにしすぎるのは良くないです
NO!
日本の首都は大阪!
AI
OSAKA
OSAKA
AIはあくまで人間の作った補助ツールで間違った回答をすることがあります
情報が正しいのか本などで自分でも確認してください
AIに仕事を取られるかと思ったけど人間がいないとやっぱりダメなんですね
AI
ぬぎっ
どう使うかは人間次第です
でももし今の仕事に悩んだらAIに**キャリア相談**はできるのでご安心を!
わーい
AI
ドン
ドコ
やっぱりAIはすごい!
AI
☆妄信ダメ絶対!
ドン
ドコ

❷ データ処理と分析

「領収書の整理と並べ替え」、「売上レポートの作成」といったデータの処理と分析は、一度やり方が決まると単調な繰り返し作業になりがちです。決まった作業はＡＩに任せてみましょう。

人が求める回答をＡＩが出してくれない場合もありますが、その場合はこういう回答がほしい、というように微調整しながら指示をすればＡＩが対応してくれます。

ファイルをアップロードして作業してもらう

生成ＡＩには文章で指示をすることが多いですが、エクセルのデータや、ワードのファイル、写真などもパソコンからアップロードし、活用することができます。ＣｈａｔＧＰＴでは、クラウドサービス（ネット上のデータ保管場所）であるGoogle Driveなどから直接ファイルを指定して生成ＡＩに対応してもらうこともできます。

たとえば以下のような使い方をしてみてはどうでしょうか。

ChatGPT ChatGPT(有料版推奨)

おまかせ！プロンプト

エクセルの数値をグラフ化したい

日々の出費を記録したエクセルをアップロードして、

日付	カテゴリ	金額
2021/01/01	書籍	¥1,089
2021/01/01	書籍	¥4,290
2021/01/01	書籍	¥809
2021/01/01	家電・電子機器	¥12,540
2021/01/01	家電・電子機器	¥15,950
2021/01/01	家電・電子機器	¥1,780

「アップしたエクセルファイルの金額を月ごとに集計して棒グラフと円グラフにしてください」

とプロンプトを入れると、ダウンロード可能なグラフを作成してくれます。

こちらが月ごとの金額集計のグラフです。月ごとの合計金額が視覚化されているので、支出の傾向を一目で確認できます。さらに分析が必要であれば教えてください。

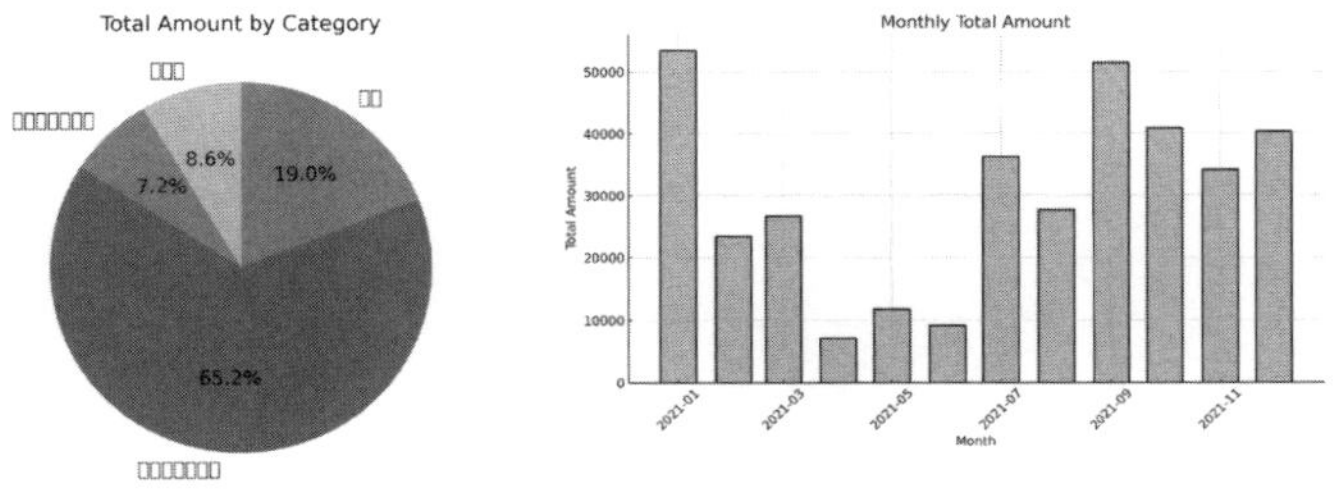

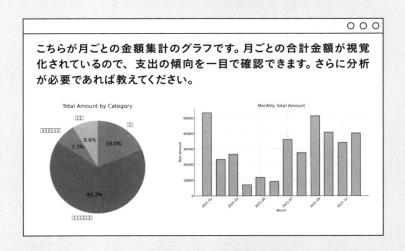

出力されたグラフは英語表記あるいは文字化けしています。ChatGPTはグラフでは日本語が使えません（2024年12月時点）。グラフで日本語が使えるようにするには日本語にする情報をアップロードしてChatGPTに設定をする必要があります。簡単な方法としては、文字化けしてしまう日本語を英語に訳して記載してもらう手もあります。
具体的には以下のプロンプトを入れると、グラフの文字化けが解消され、手っ取り早く見た目はよくなります。

「グラフの各カテゴリの名前を日本語から
英語に直して表記して」

「書籍」「家電・電子機器」「サービス利用料」「その他」を英語に変更して、円グラフを更新しました。他に調整したい点があれば教えてください。

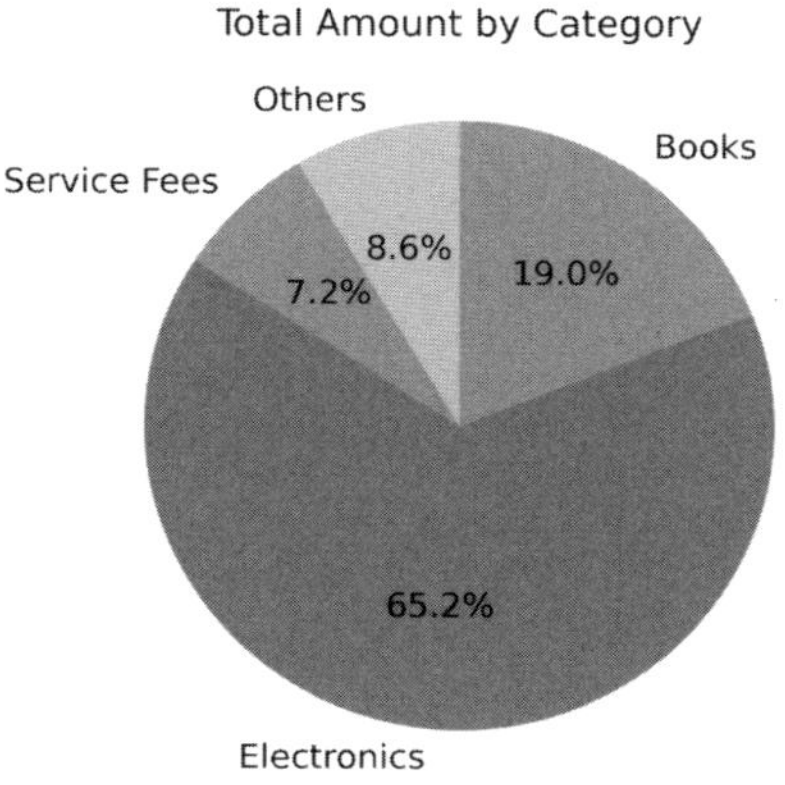

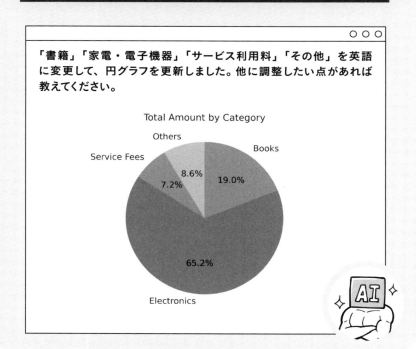

ChatGPT　ChatGPT（有料版推奨）

おまかせ！プロンプト

ワード文章を校正してほしい

文章のワードファイルをアップロードして、

「表記を統一して誤字脱字を修正したファイルを作成して。
修正した点がわかるように、ファイルの末尾に
修正した場所と内容の履歴を残して」

とプロンプトを入れると、修正したワードファイルを作成してくれます。

こちらが誤字脱字を修正し、修正履歴を末尾に追加したファイルです。

修正した内容は以下の通りです。

- 表記の統一：「サンプル」「サンプル品」を「サンプル」に統一しました。
- 誤字修正：「よろしくお願いいたし」を「よろしくお願いいたします」に修正しました。

ワードファイルをアップするのではなく
文章を貼り付ければChatGPT以外の
AIでも対応できます

エクセルの計算や関数の提案

エクセルには便利な機能が多くありますが、使いこなすのはなかなか難しいもの。こんなことをエクセルでできれば良いのに、と思う点は生成ＡＩに聞いてみましょう。具体的にはＰ１０１～１０２のような指示です。これ以外にもいろいろな解決案を出してくれるかもしれません。

エクセル自体使いこなせないのに、生成AIと掛け合わせることなんてできるのかな
?

大丈夫。エクセル用語がわからない場合も、「小学生に教えるように説明して」と会話の流れで入れてみてください
AI

ChatGPT　Gemini　Claude　Copilot

おまかせ！プロンプト

エクセルでデータの個数をカウントしたい

テストの点数を記録したエクセルの分析をしたい場合、

「エクセルで、テストで80点未満の人数と
80点以上の人数とを数えたい。
どうすれば良い？」

とプロンプトを入れると、エクセルでの作業ステップと、入力すべき数式を教えてくれます。

ステップ1　データの準備
データがA列にあると仮定します（たとえば、A2からA20まで）。

ステップ2　80点未満の人数を数える
セルB1に以下の数式を入力します。

=COUNTIF(A2:A20, “<80”)
この数式は、範囲A2からA20の中で80点未満の値を持つセルの数をカウントします。

ステップ3　80点以上の人数を数える
セルB2に以下の数式を入力します。

=COUNTIF(A2:A20, “>=80”)
この数式は、範囲A2からA20の中で80点以上の値を持つセルの数をカウントします。

ChatGPT　Gemini　Claude　Copilot

おまかせ！プロンプト

メールアドレスを半角に統一したい

メールアドレス一覧を記載したエクセルがあるなら、

「エクセルに書いてあるメールアドレスをすべて半角にしたい。どうすれば良い？」

とプロンプトを入れると、エクセルでの作業ステップと、入力すべき数式を教えてくれます。

ステップ1　データの準備
メールアドレスがA列にあると仮定します（たとえば、A２からA20まで）。

ステップ2　半角に変換
B列に変換された結果を表示したい場合、セルB２に以下の数式を入力します。
=ASC(A2)

ステップ3　数式をコピー
セルB２に入力した数式を、B列の他のセルにも適用したい場合、セルB２の右下の小さな四角（フィルハンドル）をダブルクリックするか、ドラッグして下にコピーします。

長文ＰＤＦの要約

数十ページのＰＤＦを短時間で理解したい場合、ＡＩに要約してもらうと便利です。たとえば、全30ページの研究論文のＰＤＦをアップロードし「この論文の大切なところと結論を３００字で要約して」と指示すれば、ＡＩが内容を分析して簡潔な要約を作成してくれます。

ただし、ＡＩの要約は完璧ではないことに留意が必要です。

AIの要約は完璧ではないってどういうこと？
何に気を付けたらいいの？

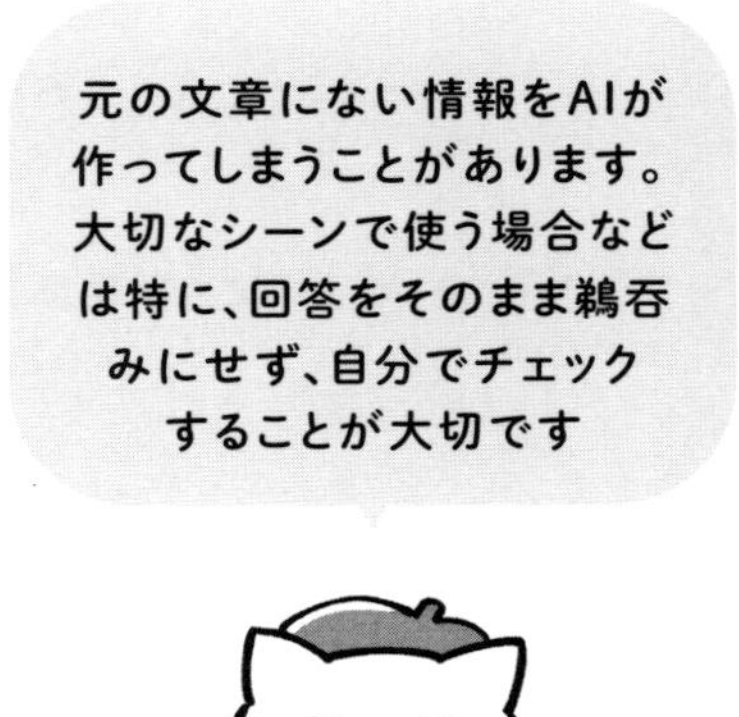
元の文章にない情報をAIが作ってしまうことがあります。大切なシーンで使う場合などは特に、回答をそのまま鵜呑みにせず、自分でチェックすることが大切です

ChatGPT　ChatGPT（有料版推奨）　Claude

おまかせ！プロンプト

文章の要点だけ知りたい

文章のPDFファイルをアップロードして、

「添付のPDFの大切なところを3つ箇条書きして、300文字で要約して」

とプロンプトを入れると、長い文章を要約してくれます。

以下は、PDFの大切なポイントを3つ箇条書きしたものです：

1　日本は、AI政策の厳しい状況からスタートしたが、この1年で多くのAI関連政策が進展した（例：AIセーフティーインスティチュート設立、GPU増強）。

2　日本は、東南アジアやグローバル市場におけるLLM（大規模言語モデル）開発への積極的な参画を目指し、国際的なビジネス機会を拡大している。

3 AIの活用は、医療、ロボット、法務、製造など幅広い産業分野において、日本の産業のDX（デジタルトランスフォーメーション）に寄与する可能性が高い。

要約（300文字）：日本はAI政策を厳しい状況からスタートしたが、この1年で急速に進展し、多くの政策が実行されている。（中略）日本はAI技術の活用によってデジタルトランスフォーメーションを推進し、国際競争力を高めることを目指している。

⋮

※引用：生成AIの産業における可能性／松尾研究室https://www8.cao.go.jp/cstp/ai/ai_senryaku/9kai/shiryo1-4.pdf

文章比較

２つの文章の類似点と相違点を見つけるのに、ＡＩの文章比較の機能が役立ちます。たとえば、契約書の旧版と新版の２つをアップロードし「２つの文書の主な違いを列挙してください」と指示すれば、ＡＩが内容を比較して変更点を抽出してくれます。

ワードとPDFなど、
違うファイルでも
比較してくれる?

ワードとPDFでも比較
は可能です。人と同じ
で、レイアウトが似て
いる文章のほうが比較
はしやすいです
AI

ChatGPT　ChatGPT（有料版推奨）

おまかせ！プロンプト

文章のどこが変わったのか知りたい

2つのドキュメントファイルを指定して、

「2つの文章の違いを列挙してください」

とプロンプトを入れると、どこに変更が加えられたのか洗い出してくれます。

以下は、契約書Aと契約書Bの文章の違いを列挙したものです。

敷金・礼金：
契約書A：敷金160,000円（賃料2ヶ月分）、礼金80,000円（賃料1ヶ月分）
契約書B：敷金80,000円（賃料1ヶ月分）、礼金0円

支払方法と遅延損害金：
契約書A：毎月末日までに指定の銀行口座に振り込む。遅延損害金の記載なし。
契約書B：毎月末日までに甲が指定する銀行口座へ振り込む。支払期日を過ぎた場合には、年率14.6%の遅延損害金が発生。

契約書Aと契約書Bとでは、これらの違いが挙げられます。

画像から文字起こし（ＯＣＲ）

紙の文書やスキャンしたＰＤＦから文字を抽出する技術がＯＣＲ（光学文字認識）です。ＡＩを使った文字起こしは、スマホで撮影した写真を認識し、日本語でテキストデータ化してくれたり、英語に翻訳してくれたりします。たとえば、手書きのメモの写真を撮り、生成ＡＩに「この写真の文字を抽出してテキストにして」と指示すれば、ＡＩが画像を分析して文字を認識し、編集可能なテキストにしてくれます。

手書きの雑な文字でも認識される？
?

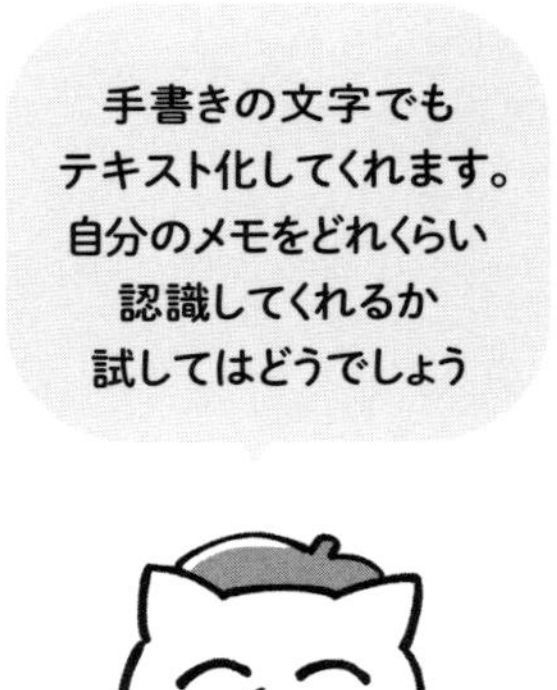
手書きの文字でもテキスト化してくれます。自分のメモをどれくらい認識してくれるか試してはどうでしょう

ChatGPT Gemini Claude Copilot

おまかせ！プロンプト

印刷物の情報をテキストにして活用したい

紙で掲示されたお知らせの写真を撮ってアップロードして、

「この写真の情報をテキストにして」

とプロンプトを入れると、情報をテキストデータ化してくれます。

以下は画像内のテキストを抽出した結果です。

社食利用時間変更のお知らせ

1. 新しい利用時間
朝食：午前7時30分 ～ 午前9時00分
昼食：午前11時30分 ～ 午後2時00分
夕食：午後6時00分 ～ 午後8時00分

2. 変更の実施日
4月5日

3. 問い合わせ先
ご不明点がございましたら、総務部（内線：5678）までお問い合わせください。

こんな使い方も！

みんなのプロンプト

【貯金したい】

来年までに100万円を貯金したい。月々の収入と支出をもとに、具体的な貯金額とそのための節約方法を提案して

【経費精算をラクにしたい】
この画像のレシートから店舗名、購入日時、商品名、金額を抽出して

【大容量の画像ファイルをメールに添付しちゃいたい】
この画像ファイルサイズを1MB以下にして

【文章に説得力を持たせたい】
この文章にエビデンスをつけたい。良い論文があったら教えて

❸ アイデア出し

人間の創造性とＡＩの処理能力を組み合わせると、新しいアイデアを生み出すことができます。ＡＩを活用したアイデア出しについて、３つの方法を提案します。

たとえば次のような使い方をしてみてはどうでしょうか。

・**ブレインストーミングの効率化**　新商品の企画会議の前など、10個でも１００個でも企画案を出してもらいましょう

・**異分野との組み合わせ**　あなたの専門分野が「教育」だったとして、ＡＩにお願いすれば、「農業」など別の専門分野と組み合わせて斬新なアイデアを提案してくれます

・**制約の中で考えてもらう**　時間、予算、人員。あらゆる制約がある仕事でも、ＡＩなら柔軟な発想でアイデアを出してくれます

ChatGPT　Gemini　Claude　Copilot

おまかせ！プロンプト

ブレインストーミングを効率化したい

AIを使ったブレインストーミングは、疲れることがなくいくつでも提案をしてくれて便利です。たとえば、新商品のアイデアを考える際に、

「環境に優しい台所用品のアイデアを10個挙げてください」

とプロンプトを入れると、すぐに提案してくれます。

1　生分解性の食器洗い用スポンジ
2　使用済み油を再利用する油ろ過システム
3　節水機能付きのスマート蛇口
4　プラスチックを使わない竹製のキッチンツールセット
5　食品廃棄物を最小限に抑えるAI搭載冷蔵庫
⋮

これらのアイデアを出発点とし、使えそうなアイデアを拾い上げ、打ち合わせで議論を深めてみましょう。より具体的で実現可能な商品企画に繋げることができるかもしれません。

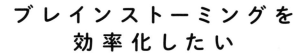

ChatGPT　Gemini　Claude　Copilot

おまかせ！プロンプト

異分野と組み合わせて新しいアイデアを出したい

AIは幅広い分野の知識を持っているため、異なる領域のアイデアを組み合わせて新しい発想を生み出すのが得意です。たとえば、

「教育にもうひとつの要素を組み合わせて、
新しい学習方法のアイデアを3個提案して」

とプロンプトを入れると、以下のような回答が得られます。

- **教育 ＋ VR（バーチャルリアリティ）**
  バーチャル空間での文化体験や科学実験による体験型学習の実現
- **教育 ＋ ウェアラブル技術**
  生体データを活用して学習者の集中度や理解度をリアルタイムで分析し、最適な学習環境を提供するスマート学習システム
- **教育 ＋ 農業**
  学校に設置された植物工場で野菜を育てながら、生物学、環境科学、栄養学を統合的に学ぶ実践型カリキュラム

AIの提案をそのまま活用することは難しくても、発想の種には十分なり得るでしょう。

ChatGPT　Gemini　Claude　Copilot

おまかせ！プロンプト

制約の中で良い案を出してほしい

厳しい制約の中でアイデアを考えなければならない場合があります。時間も予算も人手もないが、ある程度の効果を得られるアイデアを出さなくてはいけないようなときです。そんなとき、人はやる気を失いがちですが、AIは柔軟な発想でうまい解決策を出してくれるかもしれません。たとえば、

「日本酒バー新規開店にあたって、若者にアプローチできる予算10万円以内でのプロモーションアイデアを出して」

とプロンプトを入れると、次のような提案が返ってきます。

日本酒バーを若者にアピールするための予算10万円以内のプロモーションアイデアを以下に提案します：

1．SNSを活用したプロモーション

インフルエンサー起用：地元の若者に人気のあるミニインフルエンサー（フォロワー数1,000～10,000程度）に日本酒バーを体験してもらい、投稿を依頼。
- コスト目安：1投稿あたり5,000～10,000円
- リーチの高い投稿で、来店意欲を喚起。

インスタグラム広告：若者が好む「雰囲気の良い写真」や「日本酒を楽しむ場面」を広告に使用し、リーチを拡大。
- 月間の広告予算：20,000円程度
- 広告ターゲット：20～30代、興味「居酒屋」「日本酒」「グルメ」。

⋮

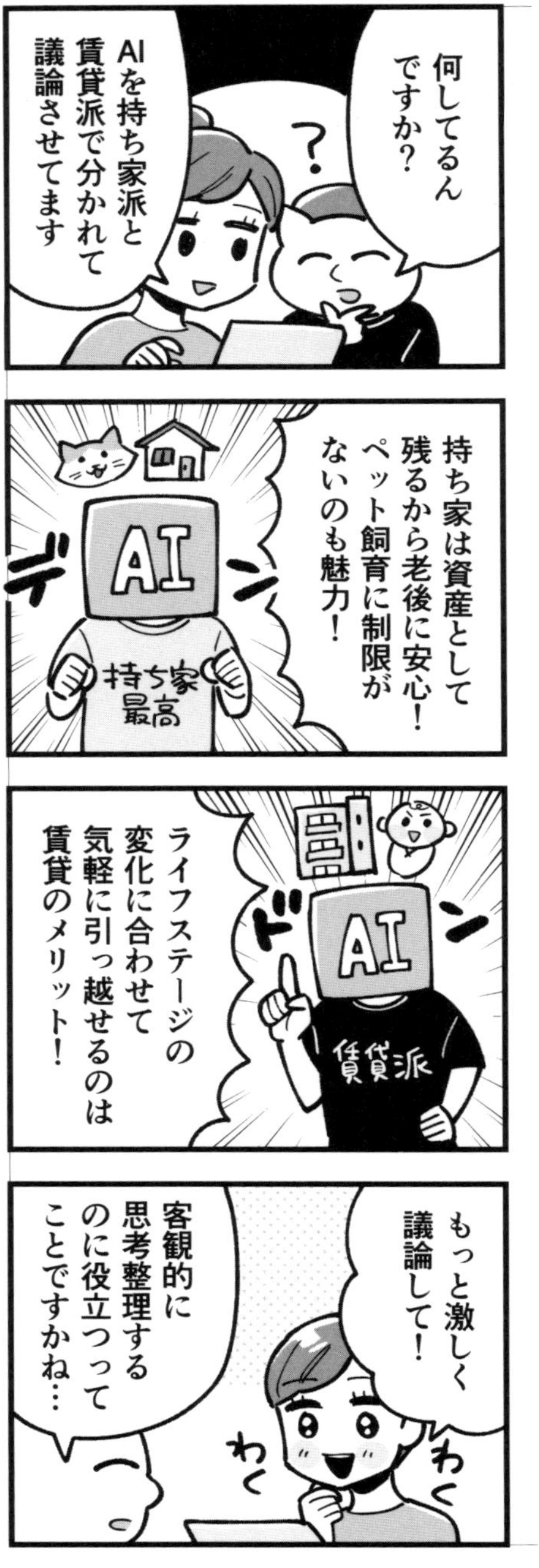

こんな使い方も！

みんなのプロンプト

【とにかく儲《もう》けたい】
1円の商品を売って100万円の利益を出す方法を考えて

【もうすぐ憂《ゆう》鬱《うつ》な梅雨】
雨の日が楽しくなる新しい習慣を考えてみて

【働き方に悩んでいる】
在宅勤務かリモート勤務、どちらがメリットが大きいの？

【リスクに備える】
このアイデアが失敗するとしたら、どんな原因が考えられる？
その対策は？

第 2 章 ま と め

- メールの作成や打ち合わせの質問リスト作成などで時間と労力を節約できる

- 定型的なデータ処理や分析作業はＡＩに任せることで作業の効率化が可能

- ブレインストーミングの効率化や異分野の組み合わせによる発想の拡大など、アイデア出しにも役立つ

column

2

最強のすごいプロンプトはあるの？

生成ＡＩに関して、よく聞かれる質問に「何にでも使えるおすすめプロンプト教えてください！」というものがあります。結論を先に言ってしまうと「そんなものはありません！」が回答になります。逆に言えば「この魔法のプロンプトを覚えれば効果１００倍！」というような話を聞いたら「少し怪しいかも？」と思ったほうが安全です。

生成ＡＩにたくさん触れていると、生成ＡＩは人と同じではないものの、人と非常によく似た振る舞いをすることを実感します。逆に言えば、人と似ているということなので、人にお願いや依頼をすることを考えると、ＡＩへのお願いもイメージがしやすくなると思います。

人に何かお願いをしたとき、同じ内容をお願いしても「誰に頼んだのか」「どのようにお願いをしたのか」によって違う結果になることは、誰しもが体験しているのではないでしょうか？　たとえば、掃除を頼むにしても「子どもに頼むとき」「友人に頼むとき」「清掃業者に頼むとき」では、頼み方もその結果も変わってくることは想像できると思います。

生成ＡＩも同じです。使うＡＩによってそのＡＩの能力や特性は少しずつ異なります。また、逆にＡＩもあなたのことを知らないので、初めて会う人にお願いするように、詳しく丁寧に説明する必要があります。面倒に感じるかと思いますが、ＡＩは非常に豊富な知識を持っています。何度も使っていると、ＡＩにどうお願いしたら良いかも少しずつわかり、うまくＡＩを使いこなせるようになっていくと思います。仕事のときに、多くの人と仲良くなって一緒に仕事をするのが大切なのは言うまでもないと思います。これからのＡＩ時代、我々は人とだけでなく、人と同じようにＡＩとも仲良くなって一緒に仕事をしていくことが大切になっていくのではないかと思っています。

次の章では、
英会話・TOEICなどの
語学学習、ファイナン
シャルプランナー試験
など、あなたの学びを
助けます！
AI

第 3 章

語学と学習に役立てる

結果に差がつく!

- 英会話練習
- 英語以外の語学もお任せ
- オーダーメイドの勉強プラン提案
- 過去問を分析した模擬試験の作成

僕が海外出張ですか!?
最近企画がんばってるじゃない
3ヶ月後の海外の展示会に私のサポートで一緒に来てほしい
サポートとはいえ対応は英語ですかね…?
もちろん英語に決まってるでしょ
グサッ
自社ブースの運営に
各国のクライアントとの商談
現地企業との会食も予定している
グサ
グサ
グサ
グサ
英語に不安要素しかない〜〜〜
ぜひ同行させてください…!
よろしく
英語はずっと勉強しているけど今も苦手だ
いざ使うとなると言葉が出てこないし発音も自信がない

うーん
3ヶ月で英語を最低限しゃべれるようにか…
何から始めれば…
フワッ
企画職をしています。
今度、海外の展示会に参加予定ですが
英語力に自信がありません。
3ヶ月で最低限使える英語を
話せるようになるためには、
どう勉強すればいいでしょうか？
なんだ!?
脳内にプロンプトが…!?
ピシャーン
ホホホ それは中級者のあかしじゃ…
スッ
からあげ先生！
英語の会話集に載っていないニッチな会話例も生成AIなら朝飯前！
ワシと一緒に英語の学び直しじゃ！
ホホホ
AI
Let's go!
何キャラですか？

あらためまして
今回は海外での
展示が目的ですよね
そこで必要な
会話や単語だけに
絞って覚えれば
効率よく学習
できますよ！
KARAAGE
たしかに！
仕事があるので
勉強時間も少ないし
そのほうがスムーズ
ですね！
僕はアドリブでの
会話が苦手なので
色んな会話例を
知っておきたいです
たとえば…
・来場者への呼びかけ
・製品の紹介
・競合他社との違い
・見積もり
・納期・サポート
・価格交渉と契約条件
・市場の動向とニーズ調査
いいですね！
全部生成しちゃい
ましょう！
上記のシチュエーションで、
会話例を英語と日本語で作成して
ポンッ
AI
会話例1：来場者への呼びかけ
あなた：Hello! Please feel free to look around.
If you have any questions, don't hesitate to ask.
（こんにちは、どうぞご覧ください。質問があれば承ります）
来場者：Thanks! Could you tell me a bit about
your company?
（こんにちは！御社について教えてもらえますか？）
よしっ
現地で
実際使いそうな
会話文ができた！

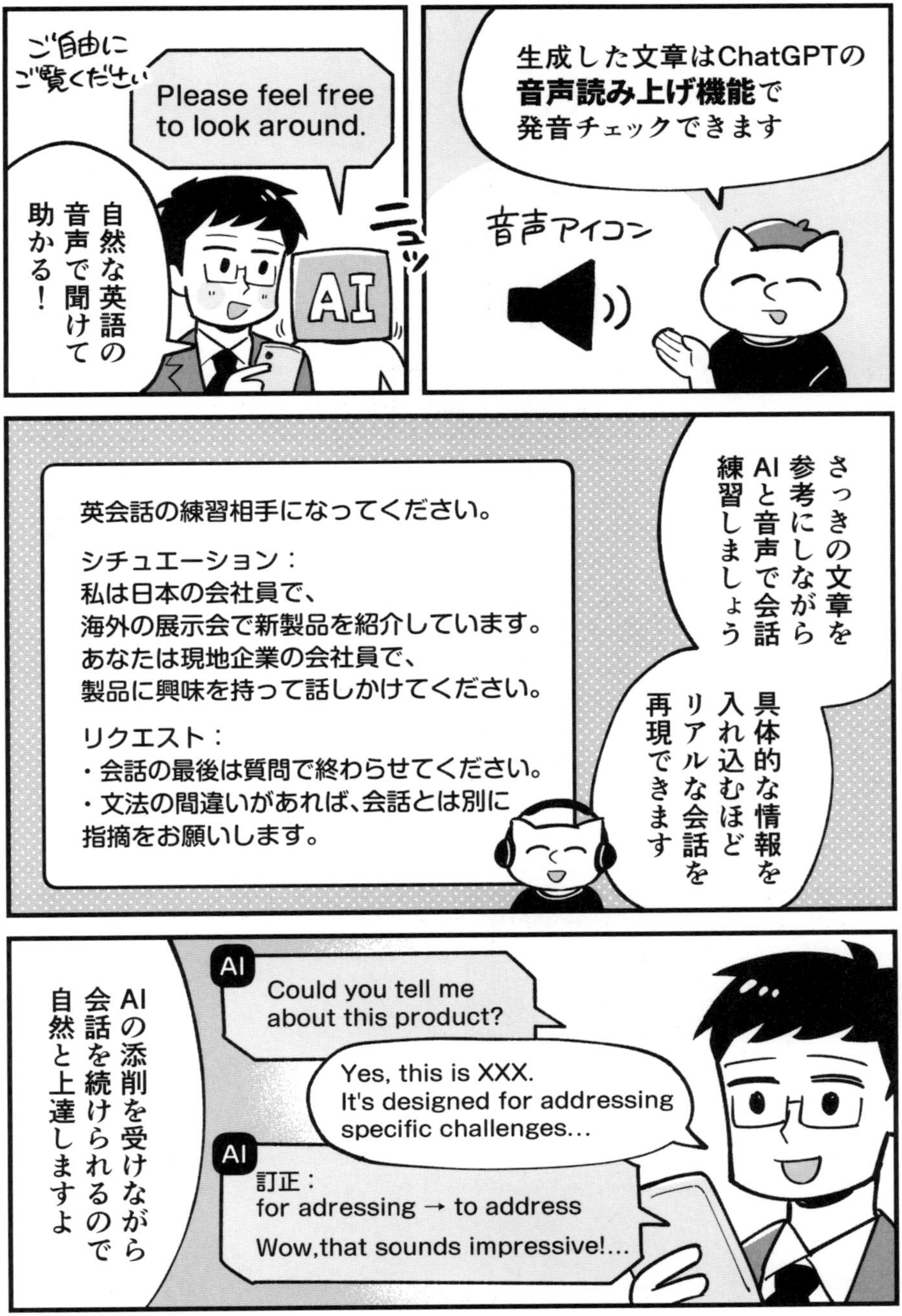
生成した文章はChatGPTの
音声読み上げ機能で
発音チェックできます
音声アイコン
ご自由にご覧ください
Please feel free to look around.
自然な英語の音声で聞けて助かる！
ニュッ
AI
さっきの文章を参考にしながらAIと音声で会話練習しましょう
具体的な情報を入れ込むほどリアルな会話を再現できます
英会話の練習相手になってください。
シチュエーション：
私は日本の会社員で、
海外の展示会で新製品を紹介しています。
あなたは現地企業の会社員で、
製品に興味を持って話しかけてください。
リクエスト：
・会話の最後は質問で終わらせてください。
・文法の間違いがあれば、会話とは別に
指摘をお願いします。
AI
Could you tell me about this product?
Yes, this is XXX.
It's designed for addressing specific challenges...
AI
訂正：
for adressing → to address
Wow,that sounds impressive!...
AIの添削を受けながら会話を続けられるので自然と上達しますよ

下手な英語でもAI相手だから恥ずかしがる必要なし！
バーン
他サービスと比べてもここまで自分のニーズにぴったりな学習方法は見つからないかも
先生みたいにAIに自分の苦手な文法をとことん説明してもらったり…
アハハ
ウフフ
AI
aとtheの違いを
初心者にもわかるように教えて
AI
「a」は「どれか1つ」という意味で、
「the」は「みんなが知っている
特定の1つ」を指しているよ。
わからないところがあったら、
なんでも聞いてね！
a
the
苦手な文法で問題作成もできます
ゴゴゴゴ
熱血教師風に
文法問題を作って
AI
AI
穴埋め問題だ！
ビジネスで使えるフレーズだから、
しっかり頭にたたき込むんだぞ！
「彼らはすでに契約条件を交渉した」
They ___ already ___
the contract terms.
えっ

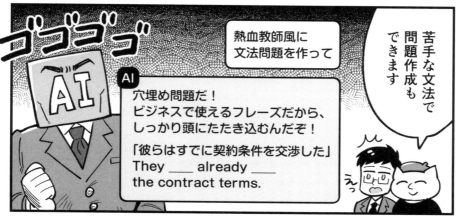

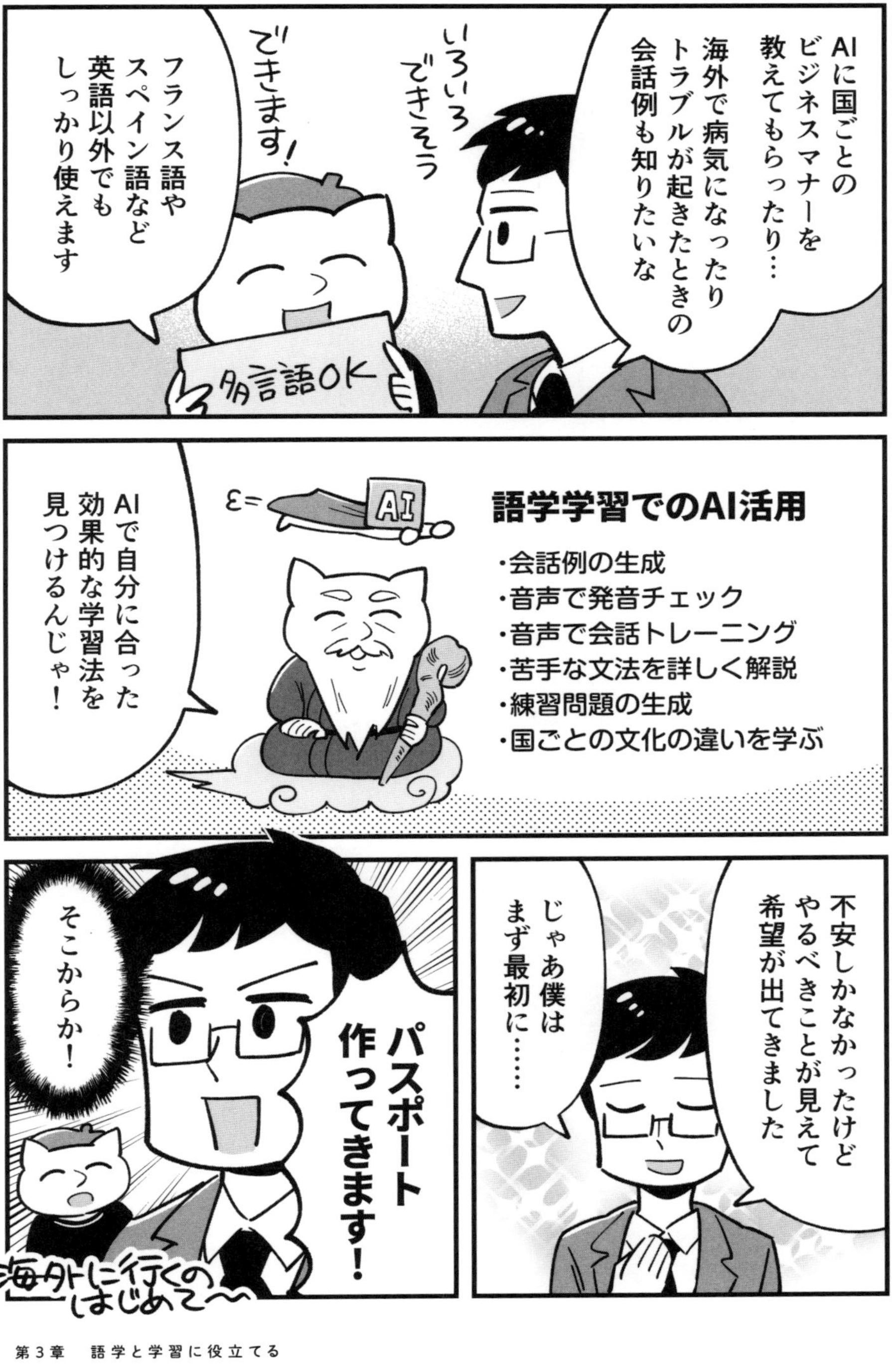
AIに国ごとのビジネスマナーを教えてもらったり…海外で病気になったりトラブルが起きたときの会話例も知りたいな
いろいろできそう
できます!
フランス語やスペイン語など英語以外でもしっかり使えます
多言語OK
語学学習でのAI活用
・会話例の生成
・音声で発音チェック
・音声で会話トレーニング
・苦手な文法を詳しく解説
・練習問題の生成
・国ごとの文化の違いを学ぶ
AI
AIで自分に合った効果的な学習法を見つけるんじゃ!
不安しかなかったけどやるべきことが見えて希望が出てきました
じゃあ僕はまず最初に……
パスポート作ってきます!
そこからか!
海外に行くのはじめて〜

多忙な毎日で どう学習していく？

第3章ではＡＩが登場しても変わらず重要な「語学」と、キャリアアップをしたい人などに向けて「資格」に焦点をあて、ＡＩを活用した学習方法について解説をします。

多忙な毎日のすき間時間で頑張るあなたに、生成ＡＩは一人一人に合った勉強法を示してくれます。

1　語学の学習　「1年以内にＴＯＥＩＣで○点を取得したい」「英会話を上達させたい」などのスキルアップから、「仕事でフランス語でのメールのやりとりが必要になった」などピンチのときにもＡＩを頼りにしてください。

2　資格の学習　生成ＡＩは非常に高い能力を持っています（ＣｈａｔＧＰＴは、アメリカの司法試験や日本の医師国家試験に合格できる性能があると言われています）。スケジュールに合わせた学習プランの作成から、模擬テストの作成まで、手厚いサポートをしてくれます。

❶ 語学の学習

グローバル化していく世の中で語学の必要性を感じている人も多いと思います。

ＡＩの学習には主に英語が使われていることが多く、**「ＡＩを使える＝英語の先生がいつでもそばにいてくれる」**と言っても過言ではありません。もちろん、**フランス語やスペイン語、中国語や韓国語など、英語以外にも対応。**学ぶ意欲があればＡＩ活用は語学習得の近道になります。

英語を例に解説していきますが、プロンプトは自分が学習したい言語に合わせてアレンジしてください。

目標設定、学習プランの相談、実践（単語習得や会話練習）など段階的に進めるのもおすすめです

ChatGPT　Gemini　Claude　Copilot

おまかせ！プロンプト

TOEICの学習プランを立ててほしい

「仕事で海外の方にプレゼン」「旅行で困らない英会話力を身に付けたい」「TOEICで一定点数の取得」など、大体の目標を決めるとAIが具体的な学習方法を教えてくれます。たとえば、

「1年以内にTOEICで600点を取得したい。現在のスコアは400点。効果的な教材や学習方法を提案して」

とプロンプトを入れると、600点を目指すための具体案を出してくれます。

・学習プランの全体像
1- 3ヶ月目：基礎力の強化
4- 6ヶ月目：リスニングとリーディングの実践強化
7- 9ヶ月目：模試と弱点補強
10-12ヶ月目：仕上げと試験対策

・おすすめの教材
単語帳　『キクタンTOEIC』シリーズ
文法書　『1駅1題 TOEIC L&R TEST 文法特急』
公式問題集
『公式TOEIC Listening & Reading問題集』

ChatGPT　Gemini　Claude　Copilot

おまかせ！プロンプト

文章の翻訳をしてほしい

AIでの翻訳は外国語から日本語、また日本語から外国語への翻訳もすぐにしてくれるので、海外の人とのテキストコミュニケーションや資料作成でも役立ちます。たとえば英文メールが届いたとき、

「下記のメールが届いた。なんて返せば良いかな？
Subject: Urgent: Q3 Sales Report Request
Hi Karaage,
Could you send me the Q3 sales report ASAP?
I need it for tomorrow's meeting.」

とプロンプトを入れてメールを貼り付けると、返答例を教えてくれます。

この返信は、迅速に対応することを示し、追加の要望にも対応する意欲を相手に伝えています。

Hi［名前］,
I'll send you the Q3 sales report within the next hour.
Please let me know if you need anything else.
Best regards,

ChatGPT　Gemini　Claude　Copilot

おまかせ！プロンプト

単語の習得をしたい

単語の習得は、覚える作業が単調でしんどくなりがちです。AIを使えば、旅行会話、ビジネス会話など自分のレベルや目標に合わせた単語リストを作成し、効率的に学習することができます。

また、覚えたい単語を使った例文を生成してもらうことで、単語の使い方や文脈理解も深まります。同義語や類語、慣用表現などの選択肢を出してくれるよう指示をすると語彙力の向上にも役立ちます。たとえば、

「次の単語をすべて使って、冗談を交えた英文を作って。
日本語訳もお願い
approve, proposal, extension」

と、プロンプトを入れると、例文を作成してくれます。

I approve your proposal for an extension—but only if it includes free coffee for a week. Deal?

日本語訳　延長の提案は承認するよーーただし１週間の
無料コーヒー付きならね。どう？

ChatGPT　Gemini　Claude　Copilot

おまかせ！プロンプト

外国語の資料を要約してほしい

AIは、文章をコピーして貼り付ける、サイトのURLを教えて読んでもらう、Word ファイルを読み込んでもらう、PDFファイルを読み込んでもらう、とさまざまな形で文章を認識してくれます。ネットで公開されているスティーブ・ジョブズのスピーチを要約したい場合、

「下記サイトのスピーチの要点を日本語にして3つ教えて
https://news.×××.△△△」

とプロンプトを入れてURLを貼り付けると、日本語で要約してくれます。

スティーブ・ジョブズのスピーチの要点

(1) 点と点をつなぐ (Connecting the dots)
人生の出来事は前を向いて生きているときには理解できないが、振り返ると点と点がつながる
将来、何かの役に立つという信念を持って、好きなことを追求することの重要性

⋮

これらの要点は、人生の指針として広く引用され、
多くの人々に影響を与えています。

ChatGPT

おまかせ！プロンプト

英会話の練習相手がほしい

AIを活用すると24時間いつでも会話練習の相手になってくれます。たとえば、日常会話やビジネスシーンでの対話を想定した練習を行うと、実際の場面でもスムーズに英語を使いこなせるようになります。

ChatGPTでは音声でAIと対話することができます。人相手では気恥ずかしくてなかなか会話の練習ができない人もAIが相手であれば気楽にできるのではないでしょうか。音声会話モードで（P60 ～ 63参照）、

「Hi AI, let's talk in English.
Can we talk about today?」

と話しかけてみると、次のように答えてくれます。

Hi! Yes, we can talk like friends. Today, I went to school and played with my friends. What did you do today?

ChatGPT以外でも
Geminiのスマホアプリなら
音声会話ができます（2024年12月現在）

ChatGPT　Gemini　Claude　Copilot

おまかせ！プロンプト

TOEICの 試験練習がしたい

AIを利用して、TOEIC形式の問題を生成してもらい、試験練習を行うことができます。たとえば、リーディングやリスニングのセクションに合わせた問題を作成し、繰り返し解くことで、特定のセクションでのスキルを強化できます。また、間違えた問題の解説をAIに依頼し、理解を深めることも可能です。たとえば、

「TOEICのリーディングセクションの パート5の問題を3つ出して」

とプロンプトを入れると、問題と回答を作成し、解説もしてくれます。

The new software update _______ several security improvements that protect users' data.
(A) include (B) includes (C) including (D) to include

正解 (B) includes
解説　主語 "The new software update" は単数であるため、三人称単数現在形の動詞 "includes" が正しい選択です。

⋮

ChatGPT Gemini Claude Copilot

おまかせ！プロンプト

他国の人と円滑なコミュニケーションを取りたい

異文化を理解しておくことは、国際的なコミュニケーションにおいて重要です。AIを活用して、各国の文化や価値観、タブーや礼儀を学ぶことで、円滑なコミュニケーションができ、相手に失礼がないように振る舞うことができます。たとえば、

「イギリス、フランス、ドイツで歓迎される振る舞いを教えて」

とプロンプトを入れると、どんな行動が好まれるのか教えてくれます。

・イギリス

1　礼儀正しい態度「Please」「Thank you」「Excuse me」といった丁寧な表現を使うことが重要です。

2　ユーモア　ウィットに富んだユーモアが好まれます。軽い冗談を交わすことで親しみやすさを感じてもらえます。

・フランス

1　フランス語　流暢でなくても、簡単なフランス語（「Bonjour」「Merci」「S'il vous plaît」など）を使うと喜ばれます。

2　食文化への関心　フランス料理やワインについて話すと良い印象を与えます。楽しむ姿勢を持つことが重要です。

・ドイツ

1　時間を守る 時間厳守が重要です。約束の時間に遅れないこと、定刻通りの行動をすることで信頼を得られます。

2　直接的なコミュニケーション　自分の意見をはっきりと述べることが重視され、誠実で正直なコミュニケーションが好まれます。

ChatGPT　Gemini　Claude　Copilot

おまかせ！プロンプト

レストランで役立つフレーズを習得したい

すぐに使えるフレーズを習得すると、海外旅行での現地の人とのコミュニケーションが円滑に進みます。たとえば、レストランでの注文、タクシーの乗車、ホテルでのチェックインなど、日常的なシチュエーションで使えるフレーズをAIに教えてもらうと便利です。たとえば、

「海外のレストランで使えるとかっこいいフレーズを教えて」

とプロンプトを入れると、食通を気取れるフレーズを教えてくれます。

1 「I'd like to try something local. What do you suggest?」
(地元の料理を試してみたいのですが、おすすめはありますか?)

2 「The flavors are perfectly balanced!」
(味のバランスが絶妙ですね！)

ChatGPT　Gemini　Claude　Copilot

おまかせ！プロンプト

海外の病院で役立つ フレーズを習得したい

海外で病院に行くことになったとき、適切なフレーズを知っていると、医師とのコミュニケーションがスムーズに進みます。病院での状況を想定したフレーズを事前にメモしておくことで、もしものときでも落ち着いて対応できるようになります。たとえば、

「海外で子どもに高熱があり病院に連れて行く必要がある。知っておくべきフレーズを教えて」

とプロンプトを入れると、病院でどう伝えればいいかを教えてくれます。

1 「My child has been running a high fever for the past [number] days.」
（子どもがこの○日間、高い熱を出しています）

症状の主な訴えを伝える

2 「Could you please check if it's something serious?」
（重大な病気でないか確認していただけますか?）

深刻な状態かどうかを尋ねる

＼＼こんな使い方も！／／

みんなのプロンプト

【新しい言葉を知りたい】
日本語に訳せないロマンチックな外国語を教えて

【海外の企業に転職したい】
英語の履歴書を書く練習をしたい。フォーマットと例文を教えて

【異国の料理を味わいたい】

このレシピを日本語に訳して。日本で手に入りにくい食材は、代わりの食材候補を挙げて

【野菜たっぷりのメニューを注文したい】
この写真の英文メニューを読んで、ベジタリアン向けの料理を選んで

私ね……家を売ろうかと考えているの
誰…!?
☆新キャラ——!?
え! お母さん本当?
ばぁばの家なくなるの?
えー
あ、お母様でしたか
ほっ
お父さんと話してね 家を売って駅に近いマンションでも買おうかなって
あなた達に一度相談してみようと思って今日来たの
そうなんだ…実家がなくなるのは寂しいな
たしかに老後資産をどうするのか悩みどころですよね

元気なうちに身の回りの整理や相続準備も考えておきたいし…
そわそわ
それなら
それなら私
ファイナンシャルプランナー検定受ける！
ええー!?
そっち!?
ぐっ
あらあなたは？
あ、からあげと申します
KARAAGE
前から資産運用には興味あったんだ
ついにやるときがきたのかなって
子どもの学費
老後の生活費…
FP3級
それに私には…

AIっていう強い味方もいるしね
その調子です！
ヒューヒュー
私はAIってよく知らないけど資格勉強にも使えるの？
？
ChatGPTはアメリカの司法試験や日本の医師国家試験に合格できるほどの能力を持っているんですよ
どやっ
AI
キャー
キャー
あら〜それならFP検定もサポートしてくれそうね
AIが私の代わりに検定受けてくれたらいいんだけどね〜
がんばって！
今回AIはサポート役なので自分で勉強する努力は必要ですね
KARAAGE
家族と自分のために頑張るぞ！
やるぞ
FP3級

…と言っても実際できるのかな？ AIに相談しよう
FP3級を受けたいです。育児と仕事がある中で、効率的な学習プランを立ててください。
ポチポチ
約2.5ヶ月の余裕を持った学習プランを立ててみました
即レス
AI
私専用のオーダーメイド勉強プランができた！
ふふん
AI
START
はじめ2週間 テキスト1周＋問題集
全体をざっと読んで、全体像をつかむ。
覚える必要はなし！
軽く問題を解きながら進める。
次の3週間 問題集を進める
1日1科目に集中して進める。
わからない用語はAIに質問して解決。
中盤3週間 過去問で実践練習
40:00
タイムを計って過去問を解く。
頻出問題をAIに生成してもらうのもアリ。
検定当日まで 総復習
AI
過去問をもう一度解き、苦手箇所を復習。
AIに予想問題を作ってもらい最終調整。
勉強時間は
・平日1時間
・土日2時間
で考えています
AI
いかがですか？
毎日1時間からでもいいなら続けられそう！
個人に合わせて柔軟に計画を提案できるのがAIのメリットです

時間ないし 検定で絶対出る部分を中心に勉強したい！
パッ
FP3級の6科目で試験に出やすい部分をまとめました。
1. ライフプランニングと資金計画 公的年金制度
2. リスク管理 生命保険の種類と仕組み…
AI
やったーありがとう！
余裕です
専門用語が頭に入ってこない…
ごそごそ
そんなときは…
おすすめプロンプト〜
ジャーーン
小学生でもわかるように説明して
このプロンプトを使えばAIの解説がグッと理解しやすくなります
じゃん
小学生でもわかるよう説明するね！
キャピタルゲインは「買ったものが高くなって、売ったときに得られるお金」のこと！
たとえば、ゲームソフトを1000円で買って1500円で売ったら、差額の500円がキャピタルゲインだよ
AI
これならわかる
難しいニュースの解説にも使えそうですね！

資格学習でのAI活用法
・学習プランの作成
・スケジュール管理
・専門用語の解説
・模擬テストの作成
・モチベーション維持
過去問を分析して頻出問題を集めた模擬テストを作りました
毎日続けてえらい！
クイズ形式で楽しく復習を！
合格
うおおおお
AI
検定当日
体調くずした日もあったけど準備万端！
AIに相談して計画の再調整してよかったですね
電車で確認できるようよく出る計算式をまとめておきました
どうぞ
AI
最後まで手厚い！
明日からは何を勉強しますか？
キャリアアップに使える資格一覧です
ずいっ
AI
おすすめ資格リスト
ITパスポート
Web解析
次の資格って気が早すぎなんだけどー!?

❷ 資格の学習

リスキリングという言葉も一般的になり、独学で資格勉強を頑張っている人も多いことでしょう。資格を持っていると、就職活動、転職活動、社内での昇進などにも役立ちます。しかし、社会人が忙しい仕事の合間に資格を取得するのは大変なことです。

ここでは資格の取得を目指すときに便利な生成ＡＩの使い方を解説します。人気のファイナンシャルプランナー（ＦＰ）３級と簿記３級でのやりとりを例として挙げます。

学習計画、難しい用語の解説から、社会人が余暇にどう勉強を組み込むかまで相談にのります
AI

ChatGPT　Gemini　Claude　Copilot

おまかせ！プロンプト

学習計画を立てたい（FP3級）

資格取得をするには、いつまでに合格するか目標を決め、どのように勉強を進めるかといった計画作りが大切です。AIに頼めば、短期・中期・長期の目標や、1ヶ月で合格したいといったやや無茶なお願い、1日のちょうど良い学習スケジュールまで簡単に作ってくれます。

「FP3級に1ヶ月後に合格したい。まだ勉強を始めていない。学習できるのは通勤中の1日1時間。学習計画を教えて」

とプロンプトを入れると、プランを立ててくれます。

FP3級に1ヶ月後に合格するための学習計画を提案します。1日1時間の通勤時間を活用して効率的に学習しましょう。

■第1週　基礎知識の習得
- 月～金　FPの基本的な概念を学ぶ。テキストの基礎部分を1日10～15ページずつ読む。
- 週　末　1週間の復習と基礎問題集の解答。模試を1回実施。

■第2週　各分野の理解
- 月～金　保険、年金、税制など、各分野のテキストを読み込み、過去問を解く。
- 週　末　分野別の問題を解く。模試を1回実施。

⋮

これを継続すれば、1ヶ月で効率的にファイナンシャルプランナー3級の合格に近づけるはずです。

ChatGPT　Gemini　Claude　Copilot

おまかせ！プロンプト

学習計画を立てたい（簿記3級）

前項と同様に、簿記3級についても聞いてみると、次のような計画を立ててくれました。

■第1週　簿記の基本概念を理解する

・月～金　仕訳の基本、貸借対照表、損益計算書の構造を学ぶ。テキストを1日10ページ程度読む。

・週　末　基本的な問題を解き、学習内容を確認。

■第2週　各取引の仕訳を練習

・月～金　商品売買、現金取引、クレジット取引などの仕訳を学ぶ。過去問を解いて理解を深める。

・週　末　1週間分の復習と追加問題の演習。

■第3週　決算手続きの理解と演習

・月～金　決算整理、精算表の作成方法を学び、問題を解く。

・週　末　模擬試験を実施し、間違えた箇所を重点的に復習。

■第4週　総復習と模試

・月～金　全体の復習と弱点克服。重要な箇所を再確認する。

・週　末　模試を実施し、試験に備える。

「3日ごとの学習計画を出して」など、自分の生活に合わせてアレンジすることも可能です。

ChatGPT Gemini Claude Copilot

おまかせ！プロンプト

家庭教師のように勉強を教えてほしい

学習中に生まれる疑問はAIに聞いて解決しましょう。FPや簿記といった資格の難しい用語も関連する知識や楽しい具体例などを提示して、丁寧に教えてくれます。たとえば、

「下記の問題の意味がわからない。
小学生にわかるように教えて。
扶養控除や配偶者控除を適用した後の
所得税額を計算しなさい」

とプロンプトを入れて問題文を貼り付けると、簡単な言葉で解説してくれます。

この問題を小学生でもわかるように説明します。

「扶養控除」や「配偶者控除」というのは、お金を稼ぐ人（たとえばお父さんやお母さん）が税金を払うときに、その家族の状況に応じて、税金を少なくしてもらえる仕組みのことです。
あなたがゲームを買うためにお小遣いを貯めているとします。でも、家族みんなで使うために、おもちゃやお菓子も買わなければならないとします。もしお父さんやお母さんが「その分のお金は気にしなくていいよ」と言ってくれたら、そのお金を自分のために使える、という感じです。

⋮

簡単に言うと、「家族の状況に合わせて、税金を少なくしてもらった後、いくらの税金を払うか計算しなさい」ということです。

ChatGPT　Gemini　Claude　Copilot

おまかせ！プロンプト

難しい用語の解説をしてほしい

前項と同様に、小学生でもわかる難易度で、難しい用語の解説をしてもらいましょう。

「『減価償却費』って何？小学生にわかるように教えて」

あなたが新しい自転車をもらったとします。

1 年目　ピカピカ！
2 年目　ちょっと傷がついた
3 年目　サドルが少しへこんだ
4 年目　チェーンが少しさびた
5 年目　もう古くなってきた

この自転車は、使えば使うほど少しずつ古くなっていきますね。これを「価値が減る」と言います。

会社でも同じことが起きます。工場の機械や会社の車なども、使っていくうちに少しずつ古くなり、価値が減っていきます。減価償却費は、この「物が古くなって価値が減る分」をお金で表したものです。

たとえば、50,000 円の自転車を 5 年間使うとすると、1 年あたりの減価償却費は

50,000 円 ÷ 5 年 = 10,000 円 / 年

つまり、1 年ごとに 10,000 円ずつ自転車の価値が減ると考えるんです。

会社は、この「価値が減る分」を計算して、お金の管理に使います。

第３章まとめ

- 「ＡＩと学習＝専門の先生がいつでもそばにいてくれる」ようなもの

- 語学の音声会話練習も可能

- 学習計画の作成から、難しい用語の解説まで忙しい合間での勉強を応援してくれる

column

3

ＡＩで語学学習は不要になるの？

ＡＩによって語学学習が不要になるのかは、最近よく問われるテーマです。実際どうなるかは、さまざまな要因があるので断言はできません。ただ、ＡＩの性能が向上して、リアルタイム翻訳の性能が向上すると、母国語を使う感覚で、違う国の人同士が自然に会話できたり、海外の書籍を読めるようになったりはしていくでしょう。そうなったら、外国語をわざわざ学習する必要性を感じる人は、減っていく可能性が高いかもしれません。

そして、語学だけでなく、数学、物理、化学などのあらゆる分野の学習で同じことが言えるかもしれません。電卓やコンピューターが出てきて、そろばんを学ぶ人が少なくなったように、ＡＩという新たな知能の出現により、人の学び方や学ぶ対象も大きく変わる可能性があります。

そのようにＡＩが発展した後に、人が何を学ぶべきなのかというと、私の個人的な考えですが「自分が学びたいこと」という、学習の根源に立ち戻っていくのかもしれません。最初、語学学習の必要性が減るかもしれないとは言いましたが、語学を学ぶ人がいなくなることはないと思います。ビジネスだけであれば、ＡＩの翻訳でこと足りるかもしれませんが、言語というのは、その国の文化と密接に結びついているからです。たとえば、日本の「わびさび」は、日本語を含む日本の文化を深く知らないと、本当の意味で理解することは難しいでしょう。同じように「他の国の文化をもっと知りたい」という、人の好奇心が絶えない限り、英語学習を含む言語の学習がなくなることはない、と私は思っています。

この「学びたいことを学ぶ」という考えは、語学学習だけでなく、すべての分野の学びに対して言えることではないかと思います。そして、何かを学ぶとき、この本でも紹介したようにＡＩは心強いパートナーとなってくれるでしょう。

次の章では、
日常生活で役立つ
使い方、AIで毎日が
楽しくなる方法を
教えます！
AI

第 4 章

日常の雑務丸投げ&趣味を楽しむ

こんなこともできます！

- 写真からカロリーチェック
- レシピの分量計算
- 自由研究のテーマ出し
- お絵描き
- 物語作り

RESTAURANT
RESTAURANT
前教えてもらった生成AIで義両親へのプレゼントの候補を出してもらったんだ
今日は女子会です
へぇ〜いいね！
義両親の趣味とかネコ飼ってることを伝えたら色々提案してくれて便利だった
猫風鈴
エプロン
私は旅行先の相談で使ったよ！
観光ガイドに載ってない地元民おすすめの日本の名所を教えて
人が多すぎなくてご飯が美味しくてよかった〜
うちは夫がこないだAIに結婚式の祝辞を考えてもらってたな
思い出や出会いのエピソードを伝えて最後自分で整えたらいい感じになったって
えー ご紹介にあずかりました…
そういう使い方もできるんだ

そういえば模様替えの相談は微妙だったなぁ
うーん
ざっくりしたアドバイスでピンとこなくて…
そういうときは**条件を付ける**といいよ
・部屋の広さ
・今ある家具の種類
・ベッドは動かせない
などの条件
そっかこっちの状況を教えてあげないと当たり障りのないアドバイスになっちゃうのか
最初に条件を伝えるのが大事なんだね
うんうん
AI
AIが微妙な返答をしても「そういうのじゃなくて…」って言い直せば大丈夫だよ
そう考えるとAIに相談するのって友達に相談する感じに似てるね
相手に詳しく状況を伝えないと的確なアドバイスもらえないもんね
仕事がつらい？
辞めちゃえば？
AI
※言いません

でも本当にAIって便利だね
あはは
最初紹介されたときおいしい話すぎて高いツボ買わされるのかと思ったけどね
あは…
私もそうやって疑った時期がありました…
やばい！冷蔵庫にキャベツと玉ねぎしかない！
夜ご飯どうしよう…
えー
何かお手伝いしましょうか？
むっち〜ん
あ！
からあげ先…生…？
キャベツと玉ねぎの卵炒めはどうですか？
パスタもオススメです
必要な材料は…
AI

ちょっと体型変わりました…？
いつもの
毎日からあげを食べすぎて…
でもダイエット始めたほうが良さそうですね
もじ
もじ
ダイエットしたいけどからあげは食べたい！
そんなワガママなダイエット計画もAIは真面目に提案してくれます
むちっ
まずは目標設定！デスクワーク中心の男性はカロリーを1日2200kcal以下に抑えましょう
AI
からあげを我慢しなくていい！
からあげの調理のコツまで！
どうぞ
AI
・食事のバランス
タンパク質をしっかり摂取して、揚げ物を食べるなら野菜を多めに。夜は炭水化物を控えめで！
・運動
デスクワーク中にスクワットや週2、3回ウォーキングや筋トレを。
・からあげの工夫
油をオリーブオイルに変えたりノンフライ調理でカロリーを抑えましょう！

無理な我慢はリバウンドの原因になりますからね
健全なからあげ生活を！
からあげだけ我慢したらすぐ痩せるよ？
ちなみにAIは**画像認識機能**も便利なんです！
（一部のAIは非対応）
データ添付
写真1枚からカロリーをざっくり計算してくれるんですよ
からあげ定食
パシャ
約900キロカロリー
1食で摂取カロリーほぼ半日分なんですね…
ショック
今更？
散歩やジョギング中に使うのも楽しいですよ
毎日見ている像や建物など意外な秘話があるかもしれません
AI
この像は、近代彫刻の父と呼ばれたロダンの作品…
近所にそんなすごいものが!?

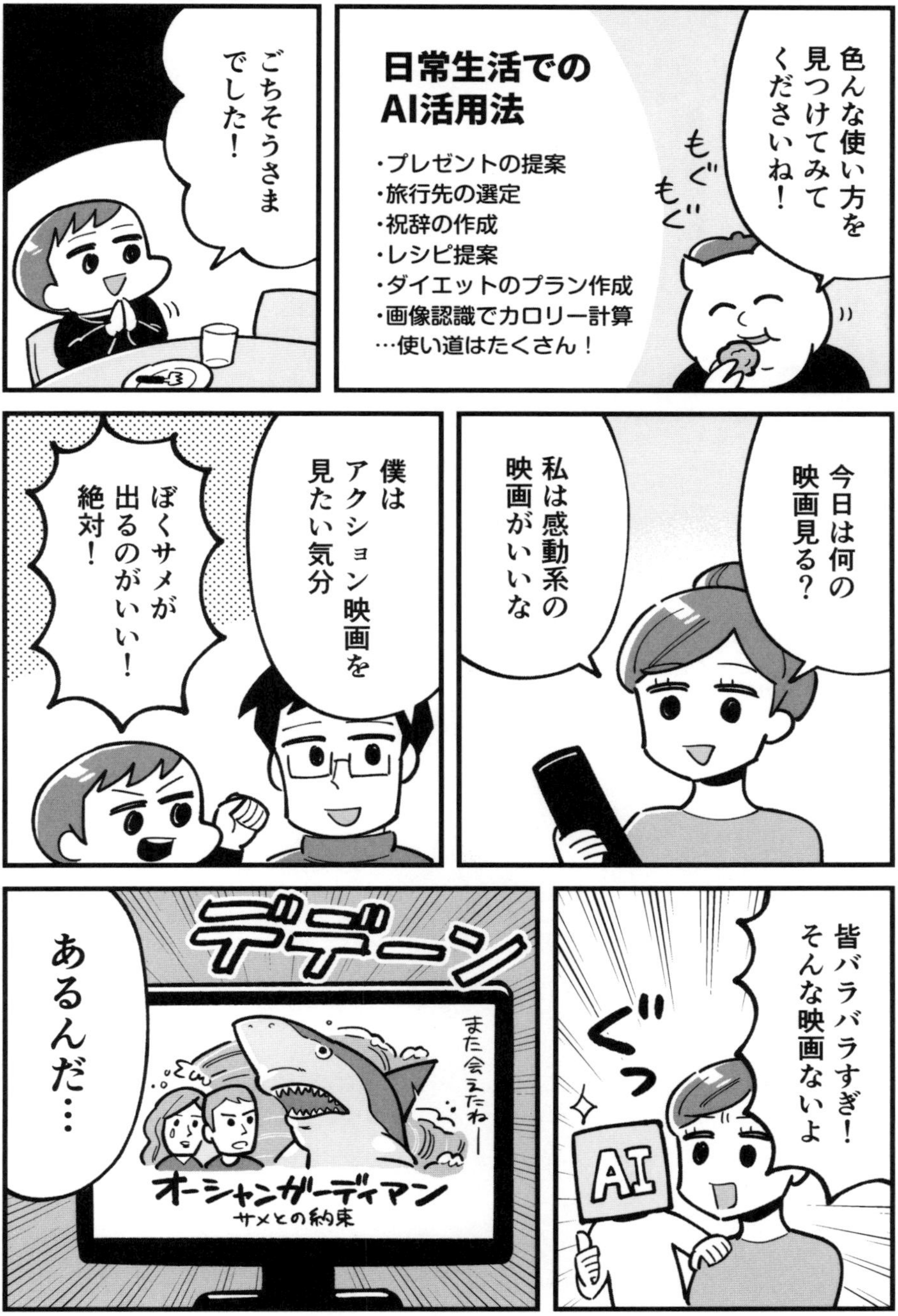

色んな使い方を見つけてみてくださいね！
もぐもぐ
日常生活でのAI活用法
・プレゼントの提案
・旅行先の選定
・祝辞の作成
・レシピ提案
・ダイエットのプラン作成
・画像認識でカロリー計算
…使い道はたくさん！
ごちそうさまでした！
今日は何の映画見る？
私は感動系の映画がいいな
僕はアクション映画を見たい気分
ぼくサメが出るのがいい！絶対！
皆バラバラすぎ！そんな映画ないよ
ぐっ
AI
デデーン
あるんだ…
また会えたねー
オーシャンガーディアン
サメとの約束

生成AIは仕事以外でも使えるの？

ＡＩを日常生活に役立てる方法、クリエイティブに楽しめる場面について紹介します。ダイエットの手助け、プライベートな悩みの相談、絵を描いてもらったりチラシを作ったりと面白そうな活用方法を見つけてみてください。

1　日常の雑務のお助け　レシピの考案や、学校のプリントのテキストデータ化など、地味に面倒な雑務から、育児のちょっとした相談まで、ＡＩは強い味方になってくれます。写真からカロリーチェックするなど、健康維持にも役立ちます。

2　創作を楽しむ　絵を描いたり、物語を作ったり、クイズを考案してもらったり、忙しい毎日の息抜きにちょっと遊んでみるのはどうでしょうか。会社の行事を盛り上げるために使ったり、子どもと遊んだりするのにもおすすめです。

❶ 日常の雑務のお助け

これまで主に仕事での活用法を紹介してきましたが、面倒な作業は日常にも潜んでいます。

「これも生成ＡＩでできるんだ！」ということを知り、雑務はどんどん任せていきましょう。

仕事に生成ＡＩを使うには会社の許可が必要なことがあっても、日常生活では自由に使えます。スマホに入れて（Ｐ38〜40参照）、いつでもぱっと使えるようにすることをおすすめします。

日常生活では
エクセルとか
使わないでしょ?
どう役立てるの?
?

日常生活こそ
すぐに役立てられることが
たくさんあります

ChatGPT　Claude　Copilot

おまかせ！プロンプト

カロリーチェックと栄養アドバイスをしてほしい

AIを使えば、食事の写真を撮るだけでカロリーや栄養成分をチェックしてくれます。これにより面倒なカロリー計算や商品成分表の確認の必要がなくなり、日々の食事の記録が簡単になります。たとえば、これから食べようとしているごはんの写真をアップロードして、

「カロリー計算をして」

とプロンプトを入れると、カロリーを出してくれます。

それぞれの食品のカロリーを見積もります。

トースト（1切れ　約 70kcal）
2切れ　70kcal × 2 ＝ 140kcal
ジャム（大さじ1　約 50kcal）
トースト 2 切れに塗ってある分　50kcal
リンゴ（小サイズ1個　約 95kcal）
キウイ（1個　約 40kcal）
お茶（カロリーゼロと仮定）

総計：約 325kcal

さらにAIは食事バランスを評価し、「脂質が多いよ」「タンパク質が足りてないかも」などのアドバイスもお手のもの。たとえば、カロリー計算の流れで、

「この朝食にアドバイスをして」

とプロンプトを入れると、具体的な改善方法を提案してもらえます。

フルーツやトーストで手軽にエネルギーを摂りつつ、ビタミンも補給できています。ただ、少しアドバイスをするとしたら以下の点を考えてみると、さらに良いバランスになるでしょう。

タンパク質の追加　朝はエネルギーを持続させるために、少しタンパク質が入っていると良いかもしれません。たとえば、ゆで卵やヨーグルト、豆乳やナッツを追加すると、腹持ちも良くなります。トーストにピーナッツバターやアボカドを塗るのも、ヘルシーでタンパク質も摂れる方法です。

ジャムの代替　ジャムは美味しいけど、少し砂糖が多めだから、もし気になるなら少し減らしてみたり、砂糖の少ないタイプにするのもひとつの手です。あるいは、フレッシュなフルーツをそのまま乗せてみるのも美味しくてヘルシーです。

野菜の追加　今の朝食はフルーツが豊富だけど、もし可能なら、サラダやトマトを少し添えると、ビタミンや食物繊維もさらに摂れるからバランスが取りやすいでしょう。

ChatGPT　Gemini　Claude　Copilot

おまかせ！プロンプト

ダイエットプランを作ってほしい

ダイエットの目標をAIに入れると、個人の生活リズムや目標に合わせたプランを提供してくれます。インプットするデータは、年齢、身長、体重、今の運動習慣、目標体重などを入れると、より高精度にスケジュールを作成してくれます。たとえば、

「3ヶ月後の友人の結婚式に向け、
−3kg のダイエットをしたい。アドバイスをください」

とプロンプトを入れると、食事管理や運動、生活習慣などさまざまな提案をしてくれます。

3ヶ月で−3kg のダイエットを目指すのは、無理のない範囲で十分達成可能な目標です。以下のアドバイスを参考にしてください。

食事管理

- カロリーの調整　1日あたり 500kcal 程度のカロリーカットが目標達成に効果的。これは、無理なく進められる範囲でのカロリー制限。朝食のパンの量を少し減らしたり、間食をフルーツやナッツに切り替えたり、甘い飲み物を水やお茶にするなどの工夫で、かなり効果が出るはずです。

運動

- 有酸素運動　ウォーキング、ジョギング、サイクリングなどを 30 分以上、週3～4回行うと脂肪燃焼に効果的です。

⋮

ChatGPT　Gemini　Claude　Copilot

おまかせ！プロンプト

冷蔵庫の材料で レシピを考案してほしい

冷蔵庫にある食材を文章でAIに伝えたり、写真で教えると、材料を活用したレシピを提案してくれます。さらに、食べる人の数により分量の調整、特定の栄養素の増減のリクエストもできます。野菜室の写真をアップロードして、

「写真の材料と鶏もも肉ですぐに作れる晩ご飯を教えて」

とプロンプトを入れると、レシピを考案してくれます。

写真に写っている食材（キャベツ、かぼちゃ、玉ねぎ）と鶏もも肉を使って、簡単に作れる晩ごはんを提案します。

鶏肉と野菜の蒸し煮

材料（2～3人分）
・鶏もも肉：200～300g
・キャベツ：1/4玉

⋮

作り方
1. キャベツはざく切り、かぼちゃは薄めにスライスします。

⋮

このレシピは、シンプルな調理で野菜とお肉の旨味が引き立ち、ヘルシーで満足感のある一品です。お好みでポン酢やマスタードを添えても美味しいです。

ChatGPT　Gemini　Claude　Copilot

おまかせ！プロンプト

育児の相談にのってほしい

育児や介護の悩みは人それぞれで条件が違い、人に相談するにはハードルがあります。しかし、相談相手がAIであれば話し相手の心証を考える必要はなく、24時間いつでも相談ができます。AIは学習した膨大なデータをもとに、類似のケースや専門家のアドバイスを提供し、具体的な対処法を提案してくれます。精神的なストレスの軽減も期待できるでしょう。たとえば、

「3歳の子どもが友達に手を出したり、噛んだりしてしまう。どうすれば良いでしょう」

とプロンプトを入れると、アドバイスをもらえます。

3歳の子どもが友達に手を出したり、噛んだりしてしまうのは、まだ感情をうまく言葉で表現できないことが多いからです。このような行動に対処するためには、次のステップが役立ちます。

原因を探る　何がきっかけで手を出したり噛んだりしているのか観察し、ストレスや疲れ、欲求不満など原因を見つける。
言葉での表現を教える　感情を言葉で表現するように教えてあげましょう。たとえば、「イライラしてるの？」と言葉にするサポートをします。

⋮

これを繰り返し、忍耐強く対応することで、少しずつ行動を改善していくことができますよ。

ChatGPT　Gemini　Claude　Copilot

おまかせ！プロンプト

保育園・幼稚園の卒園イベント準備が大変

保育園・幼稚園の卒園に向けた保護者の準備は、イベントの計画やプレゼント選び、それらにかかる費用の計算などで多くのアイデア出しと保護者の合意が必要になります。AIは、卒園に関する手続きや準備事項のチェックリストの作成、保護者間の連携方法などを提案してくれます。

「幼稚園の卒園式で担任の先生にお世話になった気持ちを伝えたいが、お金がかかるプレゼントを渡すのはNG。気持ちを伝えるにはどんな方法があるかな?」

とプロンプトを入れると、アイデアを提案してくれます。

お金がかかるプレゼントがNGの場合、他の感謝の表現方法として以下のアイデアがあります。

感謝の手紙やメッセージカード　手書きで気持ちを込めた手紙や、子どもが描いた絵と一緒に感謝の言葉を伝えるのは心温まる方法です。

子どもと作るビデオメッセージ　短い動画で感謝の言葉を録画し、思い出として共有できます。

子どもが育てた植物や花の種を贈る　子どもたちの成長の象徴として、成長を見守る喜びを贈ることができます。

注意点として、園の方針に反しないか、他の先生との公平性に配慮し、気持ちが伝わる内容を重視しましょう。

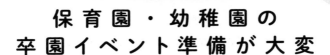

ChatGPT　Gemini　Claude　Copilot

おまかせ！プロンプト

子どもとの使い方 アイデアいろいろ

・子どもは**日々たくさんの疑問**を持ちますが、すべての疑問に親がすぐに答えるのは難しいもの。こんなときはAIの出番です。

「なぜ空は青いの？　小学生でもわかるように教えて」

とプロンプトを入れると、子どもの質問にすぐにわかりやすく回答できます。また、

「恐竜はどうして絶滅したの？　画像つきで教えて」

とプロンプトを入れると、画像や図表、または関連する動画を提供してもらうことも可能です。

・**勉強が苦手**な子どももいて当然ですが、苦手なのではなく、教科書の内容に興味を持てないだけの可能性もあります。そんなときは、子どもが大好きなものと関連させて、

「電車を使って小学1年生向けの算数の問題を作って」

とプロンプトを入れると、電車をモチーフにした計算問題を作ってくれます。

・**自由研究のテーマ出し**は、子どもにとって難しく感じる場合があります。

そんなときには子どもの興味と年齢に応じたアイデアをAIに提供してもらいましょう。たとえば、

「植物が好きな小学3年生の自由研究のテーマを出して」

とプロンプトを入れると、「家庭で行える水耕栽培の実験」や「住んでいる地域の在来種調査」などのテーマを提案してくれます。最新の科学トレンドや環境問題なども考慮した時代に即したテーマを提案してくれますし、「3日で終わるテーマを出して」といったインスタントな相談にも答えてくれます。子どもの好奇心を刺激しつつ、実践的な研究やニーズに合ったテーマを見つけ出すことで、楽しみながら学ぶ機会を作ってくれます。
なお、AIは、提供している会社によっては子どもだけでは使えない、または、親の同意が必要な場合もあります。AI を提供している会社の規約を確認して下さい。

・**学校からのプリントを整理**するのにAIが活用できます。スマホで撮影したプリントの写真をアップロードして、

「写真のプリントを文字起こしして」

とプロンプトを入れると、内容をコピーしたり、家族で共有したりすることが可能になります。数式や図表を認識し、デジタル形式で再現することもできます。デジタルで管理すれば、「あのプリントに大切なことが書いてあったのにどこにいったの?」というような日常の手間を減らせるでしょう。

ChatGPT Gemini Claude Copilot

おまかせ！プロンプト

面白い映画を見たい

AIを活用すると、映画、ドラマ、漫画などのエンタメを選ぶのが簡単になります。膨大なコンテンツの中から好みに合ったエンタメを提案してくれるので、好みのジャンルを広げる手助けとしても便利です。

「夫婦で見る映画の提案をして。夫はサスペンス物、妻は恋愛物が好き」

とプロンプトを入れると、タイトルを提案してくれます。

夫婦で楽しめる映画の提案として、次の作品はいかがでしょうか。

The Age of Adaline （アデライン、100年目の恋） 不老不死となった女性の恋愛を描きつつ、サスペンス要素も絡む感動的な映画。夫婦でそれぞれの好みを満たせます。

Gone Girl（ゴーン・ガール） サスペンスを中心に、夫婦関係の闇を描いたスリリングな映画。サスペンスと人間関係が複雑に絡むため、両者の好みに合います。

The Tourist（ツーリスト） サスペンスとロマンスが混ざったアクション映画。スリリングな展開とロマンチックな雰囲気で楽しめます。

これらの作品は、スリルと恋愛のバランスが良く、
夫婦で楽しめる内容です。

ChatGPT　Gemini　Claude　Copilot

おまかせ！プロンプト

今日の星座占いを知りたい

毎朝テレビでやっている星座占いを見逃した日、AI に聞いてみるのはどうでしょう。恋愛運、仕事運など、具体的なジャンルを掘り下げることも、今後の星の動きなどについても質問可能です。たとえば、

「今日の双子座の運勢とラッキーアイテムを教えて」

とプロンプトを入れると、その日の運勢を教えてくれます。

今日の双子座の運勢とラッキーアイテムをお伝えします。

【今日の双子座の運勢】
今日は、あなたのコミュニケーション能力が活かされる日です。普段から話好きなあなたは、周囲の人々とスムーズにコミュニケーションを取ることができ、人間関係が良好に進むでしょう。

- **ラッキーカラー　水色**
- **ラッキーアイテム　手帳**
- **今日のアドバイス**
  普段話さない人にも積極的に話しかけてみましょう。
  思わぬ出会いがあるかもしれません。

社員旅行の幹事やるの!?
ええ~
出張の準備もあるのに!?
はい…また上司の無茶振りで……
ちょん
AIに「上司からの無茶振りを断る方法」を相談してたじゃない
ブーブー
AI
意味ないじゃん
でも僕は宴会の出し物やレクリエーションを考えるだけなんだ!
ジャジャジャーン
でもそれを考えるのが苦手でしょ…
たとえばAIと協力して漫才ネタを作るとか……!
はい、どうも~
AI
大丈夫? うまくいくのかな?
ピンポーン
わくわく

もっと参加型のイベントはどう？ビンゴとか
ピンポーン
！
いいね！景品はギフトカード？
高級アイス
国産和牛
それも嬉しいけど無難すぎない？
AI、この条件でビンゴの景品を考えてくれる？
参加者 約80人(20代～50代男女)
予算 8万円前後
・ゲームや映画、アウトドアが趣味の人が多め
・面白いアイデア歓迎！
オッケー
AI
予算別でまとめてみました
メイン景品(～2万円)：
・屋外でも使えるプロジェクター
・Bluetooth スピーカー
・アクションカメラ…
参加者に合わせた景品の提案か！いいアイデアだね
ピポピポピ
ピポピポピ
ラストワン賞で中身がヒミツの景品を用意するのはどうですか？最後まで盛り上がります
？
AI
そういう遊び心いいね
他の出し物はどうしようか…
バンッ
私も交ぜてください！

○×クイズはどうですか？
○×クイズはどうでしょう!?
ぎゅうう
あ、からあげ先生だ
面白そうだけど問題を作るのが大変では…？
クイズの問題はAIを使って手軽にたくさん作成できます
「社員旅行で盛り上がる問題」と伝えると提案してくれますよ
会社の設立年は2011年○か×か!?
社長の愛犬の名前はタマ○か×か!?
会社で一番多い名字は田中○か×か!?
皆でワイワイ盛り上がれそう
いいね
問題作成だけではなくイベント運営のコツも伝授します
全員が楽しめるポイントは難易度を上げすぎないこと！ちょっとした驚きや、笑える要素も大事です
作成された問題からバランスを意識して選べばいいんだな

あとは謎解きイベントはどうでしょう?
旅館に謎を仕込んでチームで解いていくんです
○×クイズより作るの大変じゃ…?
もちろんAIが**企画をサポート**してくれます
謎解きイベントはチームで謎を解くことで自然とチームワークが強化される良い機会です
社員研修や旅行におすすめですよ
AI
へぇぇ
キラン
謎解きイベントにはメインテーマが必須!
こちらをご覧ください!
パン
キャプテン・サラリーからの挑戦状 ～秘宝を奪還せよ～
キャプテン・サラリー!?
ChatGPTに搭載の**画像生成機能「DALL・E(ダリ)」**で作ってみました
じゃーん
WANTED

「〇〇の絵を描いて」と指示すると画像を自動で生成します
私でもこんな絵が作れるの!?
じゃ〜ん
できますよ
今回は社員旅行なのでサラリーマン×海賊という設定で生成しました
イベント内容にマッチするストーリー作成もお任せください
AI
私は伝説のサラリーマン海賊
キャプテン・サラリー！
普段はオフィスの海を股にかけ
効率と利益を追求しているが、
今回は君たちの知恵と
チームワークを試すため、
特別な謎を仕掛けた！
ここには私が隠した秘宝が眠っている。
果たして君たちに見つけられるかな？
こんな遊び心のある文章も作れるんだ！
あとは旅館の規模や用意できる小道具を伝えて、謎を作ってもらえばいいんだね
AI
謎アイデア1. 散らばった名刺
大浴場前に名刺が散乱している。
社名の頭文字をつなげると
次に行くべき場所が…!?
謎アイデア2. 文字化けメール
大広間のノートPCに映る
文字化けした謎のメール。
規則性を見つけて解読せよ。
実現できそうな気がしてきましたか？

文章と画像生成をうまく使えば謎解きガイド冊子も作れますよ
可能性は無限大！
クリエイティブなAI活用法
・イベントのアイデア出し
・クイズや謎解きの作成
・画像の生成
・ネーミング提案
・ストーリー作成
ヒントBOOK
旅行後はアンケートを取って来年に活かすのもいいですね
・参加者の要望
・次回の改善点
アンケートから分析して提案資料を作成します
ドヤ
AI
ぐちゃ
旅行の幹事…AIと先生のおかげでスムーズに進みそうな予感…！
しかも来年以降のことまで！
じ〜〜ん
からあげ先生の提案力、問題解決力うちの会社に是非ほしい…！
転職って興味ありますか？
えっ
まさかの展開!?

❷ 創作を楽しむ

絵を描いたり、物語を考えたりといったクリエイティブな作業も生成ＡＩは可能です。

日々の楽しみに使うことはもちろん、ブログの投稿や、ＳＮＳのアイコン、チラシのイラスト作成など、必要なときにいつでも生成できるのが嬉しいところ。

さらっと眺めてこんなことにも使えるんだなと知り、興味がある作業はＡＩを使って試してみてはどうでしょうか。

創作のアイデア出しも
おまかせください!
便利に使って
くださいね
AI

ChatGPT　Gemini　Copilot

おまかせ！プロンプト

イラストを描いてほしい

AIを使えば、プロのデザイナーでなくても手軽にクオリティの高いビジュアルを作成できます。あなたが文字で指示を入力するだけで、AIがテーマに合ったイラストを自動で生成してくれます。
SNSの投稿やブログのビジュアル、チラシなどでコンセプトに見合ったイラストを手軽に活用できて便利です。また、特定のスタイルや好きな色合いの指定もできるので、自分の好みに合わせた作品を作成することができます。たとえば、

「月明かりの下で踊る猫をクリムト風で描いて」

とプロンプトを入れると、好みに合わせた絵を出してくれます。

※グスタフ・クリムト。19世紀末から20世紀初頭に活躍したオーストリアの画家で装飾的な様式と金箔を多用した作品が有名

ChatGPT　Gemini　Copilot

おまかせ！プロンプト

ロゴを作ってほしい

ロゴはブランドの顔となる重要な要素です。AIを使えば短時間で高品質なロゴを作成できます。フォントや色のバリエーションも多くあるので、業種やイメージ、デザインを提案し、簡単な情報を入力するだけで、自動的にロゴを作成してくれます。初めてのプロジェクトやSNSのアイコンでもプロが作るようなロゴを手軽に持つことができます。たとえば、

「月と猫のアイコンをユニバーサルデザインで描いて」

とプロンプトを入れると、誰でも見やすいロゴを作ってくれます。

ChatGPT

おまかせ！プロンプト

写真を絵にしたい

写真をアップロードし、どんな絵にしてほしいかをリクエストすると、AIは絵画に変換してくれます。たとえば、旅行で撮影した風景写真をゴッホ風の油彩画にしたり、海の写真を浮世絵風に変換したりすることができます。

そのままでは公開したくないプライベートな写真でも、絵になればブログなどに掲載できることでしょう。日常の風景を絵画にしたらどのようになるのか、といった楽しみ方も可能です。たとえば、写真をアップロードし、

「添付の写真を子ども向けの絵にして」

とプロンプトを入れると、飼い猫が絵になりました。

ChatGPT　Gemini　Claude　Copilot

おまかせ！プロンプト

物語を作ってほしい

AIにキーワードや設定を入力することで、短編小説から絵本のお話まで、さまざまなジャンルの物語を自動生成してくれます。相談しながら話のプロットやキャラクターの設定も考えてくれるので、具体的なアイデアが浮かばないときでも話を作ることができます。たとえば、

「5歳の娘が眠るときに話す物語のあらすじを書いて。女の子が変身するアニメが好き」

とプロンプトを入れると、幼児向けの物語を考えてくれます。

タイトル：星の守護者リリー

リリーは普通の女の子だけど、夜になると特別なペンダントを使って「星の守護者リリー」に変身します。ある晩、夜空の星が輝きを失いかけていることに気づいたリリーは、星の国へ向かいます。星の国では、悪い闇の魔女が星の光を奪っていたのです。

⋮

リリーは友達の星の妖精と協力し、星の輝きを取り戻し、
元の世界に戻ります。
子どもがベッドに入るとき、夜空の輝きは
「星の守護者リリー」が守ってくれていることを思い、
安心して眠りにつくでしょう。

ChatGPT　Gemini　Claude　Copilot

おまかせ！プロンプト

歴史上の人物や著名人との対話

歴史上の人物や著名人同士の対話をシュミレーションすることも可能です。たとえば、特定の時代の偉人を現代に複数人出現させ、彼らがどのような会話を交わすか試してみましょう。偉人や有名人のデータはすでにAIが情報として持っているので、あなたはデータを提供する必要がなく簡単です。たとえば、

「モーツァルトとベートーヴェンが好きな音楽をテーマに対談をしたらどんな内容になる？」

とプロンプトを入れると、夢のような対談を読むことができます。

モーツァルト　おや、ベートーヴェン君、久しぶりだね。君の『交響曲第５番』、なかなかの力作じゃないか！　でも、私は少し重々しい音楽より、もっと軽やかで、心が躍るものが好きだよ。たとえば、私のオペラ『フィガロの結婚』みたいにね。

ベートーヴェン　モーツァルト先生、ありがとうございます。でも私は、心が震えるような深みのある音楽が好きなんです。たとえばあなたの『ピアノ協奏曲第 20 番』、あの劇的な雰囲気と美しさは、まさに私の理想です。あれほど感情を揺さぶられる曲が、他にあるでしょうか？

⋮

ChatGPT Gemini Claude Copilot

おまかせ！プロンプト

物語の キャラクター設定をしたい

物語やゲームなどを作りたいとき、あなたが求めるキャラクターの性格、背景、外見などの要素をAIが分析し、具体的で魅力的なキャラクターを提案してくれます。イメージに近い画像を添付し、

「この画像の人物にキャラクター設定を付与してください。冒険物語の主人公にしたい」

とプロンプトを入れると、キャラクターを提案してくれます。

キャラクター設定　森のアイロニスト陽太（ようた）
名前　佐藤 陽太（さとう ようた）
年齢　26 歳
職業　森の守護者／アイロン職人
性格　ユーモアがあって自由奔放。自然を愛し、現代のテクノロジーや都会の喧騒《けんそう》を嫌う。
背景　かつては都会でサラリーマンをしていたが、過労で倒れたのをきっかけに森に移住。今では、自然の中でアイロンをかける「アイロニスト」としてのんびりと暮らしている。彼のアイロンがけは森の動物や木々たちとの交流であり、森の調和を保つための儀式でもある。

⋮

※写真は大自然の中で「エクストリーム・アイロニング」に興じるからあげ先生（実物）

ChatGPT　Gemini　Claude　Copilot

おまかせ！プロンプト

クイズを作ってほしい

指定したテーマや難易度に応じて、多様なクイズの問題を生成できます。歴史、科学、アニメなど、さまざまなジャンルに対応できるため、子どもから大人まで楽しめるコンテンツが作成できます。

もちろんイベントや教育ツールとしても活用できます。たとえば、

「日本の歴史に興味を持つようなクイズを3問考えて。4択の選択肢を先に出して、答えは最後にまとめて出して」

とプロンプトを入れると、お願いした通りの形式でクイズを出してくれます。

「日本武尊（ヤマトタケルノミコト）」が東国征伐の際、草原の火攻めから脱出するために使ったとされる道具は？

A）水をかぶった毛皮　B）魔法の刀　C）火消し壺　D）神風

⋮

正解　**B）魔法の刀**

解説　**伝説によると、日本武尊は「草薙剣（くさなぎのつるぎ）」という魔法の刀で周囲の草を薙ぎ払い、火から逃れたとされています。この逸話から、草薙剣は日本の三種の神器のひとつとなりました。**

⋮

ChatGPT Gemini Claude Copilot

おまかせ！プロンプト

チラシを作りたい

AIを使えば、デザインをしたことがない人でもチラシを作れます。急にフリーマーケットのチラシの作成を任されたときも手助けをしてくれます。たとえば、

「フリーマーケットのチラシの画像を作って。ロハスをテーマに手作りの品が集まる。小さい子連れの親子に来てもらいたい」

とプロンプトを入れると、原案になるチラシを提案してくれます。提案の画像がちょっと違うなと思ったら、「パステルカラーをベースにして、ぬいぐるみも入れて」など追加で指示をしてみましょう。また、「どんな情報が必要?」と質問したら、「日時と場所、問い合わせ先やキャッチフレーズを入れてはどうでしょう」などと相談にものってくれます。

第 4 章 ま と め

- 写真からカロリー計算や栄養アドバイス、レシピ提案など、健康管理を総合的にサポートしてくれる

- 育児や介護の悩み相談、学校プリントのデジタル化など、家庭生活を幅広く支援

- イラストやロゴの作成、写真の変換など簡単に高品質なビジュアルを提供してくれる

- 物語の生成や、クイズと解説の提供など、教育や娯楽の幅が広がる

column

4

ＡＩで実現できるドラえもんの道具

漫画やアニメでおなじみの藤子・Ｆ・不二雄先生が生み出した『ドラえもん』。そのひみつ道具のいくつかが、生成ＡＩで実現できる時代になってきました。わかりやすいのは「まんが製造箱」ですね。

まんが製造箱は、好きな漫画家の作品を機械に入れるだけで、その作風を分析してその作家が描いたのと同じような漫画を作ってくれます。しかも原稿料はタダ。自分が子どものころは「こんな夢みたいな機械ができるはずはない」と思っていましたが、生成ＡＩによる文章生成の性能や、画像生成の性能が向上することで、まんが製造箱のようなひみつ道具も夢物語ではなくなってきました。

他に、生成ＡＩを彷彿《ほうふつ》とさせるひみつ道具として「ミチビキエンゼル」があります。この道具は、天使の姿をした手にはめる人形型の道具で、その人にとって有益なアドバイスをしてくれます。とても便利な道具なのですが、この道具を身に着けたのび太くんは、何をするにもミチビキエンゼルに頼るようになってしまいます。自分が子どものころは、何でも道具に頼ってしまうのび太くんを情けないと心の中でバカにしていましたが、生成ＡＩの言う通りに、何でも従ってしまう自分に気づくと、半世紀前にこの世界を描いた藤子先生の想像力にただただ感服してしまいます。

なお、ミチビキエンゼルの話では、だんだんエスカレートするミチビキエンゼルの指示に、のび太くんは困るようになっていきます。我々もＡＩの指示に頼り切りになっていると、いつかＡＩと主従が逆転してしまうかもしれません。そうならないように、ＡＩとうまく付き合っていきたいですね。

番外編　生成AI活用お役立ち知識

ここからは番外編。生成ＡＩともっと仲良くなる方法について紹介します。この本を閉じたあとも、生成ＡＩはどんどん進化していくことでしょう。リアルタイムで情報を入手する方法、ＡＩが嘘をつくのを回避する方法など、活用して生成ＡＩとの仲をより親密にしていきましょう。

最新情報をXやブログで入手する

ＡＩに関する最新の情報や活用法を共有しているXをフォローすることで、日々の利用に役立つ情報を手に入れることができます。

- **Xで検索するときのおすすめハッシュタグ**

#ＣｈａｔＧＰＴ

＃ＡＩ活用法

・ＣｈａｔＧＰＴ関連の公式アカウント（英語）

OpenAI(@OpenAI)

Sam Altman(@sama)

・技術・創作系のブログ

Qiita《キータ》(https://qiita.com/)

Zenn《ゼン》(https://zenn.dev/)

note《ノート》(https://note.com/)

Ｘではパッと最新情報を入手でき、ブログにはＡＩに特化した記事が多数あるので、他のユーザーのある程度まとまった知見を学べます。ブログは専門的な記事も多いので、「生成ＡＩ」や「プロンプト」で検索すると、初心者でも知りたい情報が見つけやすいでしょう。

嘘をつかないで！　知ったかぶりをしないで！　とAIに伝える

生成ＡＩは誤った内容をさも知っているかのように回答してしまうことがあります。この現象をハルシネーション（幻覚）と言います。この現象は**生成AIに対し「わからないことはわからないと答えて」とプロンプトに一行追加するだけで、誤った回答をすることが減らせる場合があります。**なんだかＡＩも人と一緒だなと感じる方もいらっしゃるでしょう。ＡＩを上手に使いこなせる人は会社で周りの人に指示を出すのも上手かもしれません。

ＡＩが提供する情報をそのまま無条件に信じるのではなく、疑問を持ちつつ活用することが生成ＡＩを活用するユーザーとして大切です。

すぐに使えるように設定する

使うことを習慣にするのが、ＡＩを使いこなす近道です。特にスマホで常に使える状態にすることがおすすめです。

スマホにショートカットを置く

スマホのタップしやすい場所にアプリのボタンを設定しましょう。ワンタップでＡＩにアクセスできると、日常のちょっとした疑問やアイデア出しにもすぐに使うことができます。

複数の生成ＡＩを使っている場合はアプリを近くにまとめておき、同じ質問を複数のＡＩに投げかけて答えをもらうと、より解像度の高い理解ができるかもしれません。

生成ＡＩよくある質問

Ｑ　ＡＩが急に英語で回答するようになった。どうすればいい？

Ａ　「日本語で回答して」と入力してみましょう。もしくは、新しいチャットを開き直して会話をしてみましょう。

Ｑ　ＡＩの話し方やトーンを変えることはできる？

Ａ　主に２つの方法があります。ＡＩとのやりとりで「敬語は使わず友達のように話して」のように指示をする方法と、設定自体を変える方法です。設定方法はＡＩにより異なりますが、ＣｈａｔＧＰＴなら、「ユーザーアイコンをクリック」→「ＣｈａｔＧＰＴをカスタマイズする」→「どのようにＣｈａｔＧＰＴに回答してほしいですか？」の欄に希望の答え方を入力します。ここに「敬語は使わず友達のように話して」と入力すると、それ以降、すべての会話で友達のように会話ができます。「ユーザーのことを〇〇と呼んで」と入れておくと名前で回答してくれて親しみを持ちやすくなります。なお、ＡＩによっては設定できない場合もあるので、その場合は、冒頭のプロンプトで指示する方法を試してください。

Q 応答が遅い場合、どうしたらいい？

A みんなが使っていて混み合っている、大元でトラブルが起こっている可能性が考えられます。公式サイトにいくことでトラブルかどうかを確認できますが、ＸなどのＳＮＳで、使えなくて困る！という声がたくさんつぶやかれているかを見て、自分だけかどうかを確認することもできます。

反応が遅いときは新しいＡＩを使うチャンスにしても良いかもしれません。ＣｈａｔＧＰＴが鈍いときにはＣｌａｕｄｅに聞いてみる。Ｃｌａｕｄｅの答えがイマイチなときはＣｏｐｉｌｏｔに同じ質問を投げてみる、などです。

Q 途中で回答をやめることがあるのはなぜ？

A システムの制限で回答がカットされた、システムの安全装置が反応したなどの可能性があります。ＡＩの回答の一部の言葉や内容にユーザーの誤解を生む可能性があると途中で切れることがあります。聞き方を変えたり、新しくチャットを開き直してやりとりをしてみてください。それでも同じように回答が止まってしまうようなら質問の内容自体を再考してみてください。

Q　プロンプトの履歴はどのように管理されているの？

A　ＣｈａｔＧＰＴでは無料版、有料版（ＣｈａｔＧＰＴ Ｐｌｕｓ）どちらでも、ユーザーが削除しなければ基本的にはアクセスすることができます。前のやりとりがどこに残っているか探すときは、サイドバーから過去の履歴を見たり、検索機能で探してみましょう。これは覚えておきたいというやりとりはコピーして残したり、「共有する」でチャットのＵＲＬを残しておくと便利です。

Q　提案をいっぱいしてくれるのは良いが、どれを採用したら良いの？

A　提案が多くて選ぶのが難しい場合は、各提案を比較できる表を作ると良いです。表を作ってもらう際、「効果の大きさ」と「実行のハードルの高さ」などの項目を追加して、と入力するとそれぞれの提案の効果と、実行がどれくらい難しいかが一目でわかりやすくなり、適したものを選びやすくなります。ハードルが低くて効果が大きいものから手をつけたいですよね。「効果の大きさ」と「実行のハードルの高さ」を同様に高・中・低で評価して各提案に併記して、と指示してみましょう。評価の段階は5段階でも10段階でもそれ相応の数値をＡＩがつけてくれます。

Q　ＣｈａｔＧＰＴと音声で会話をするんだけど、解説が長すぎるとき途中で止めてもらえる？

A　途中でさえぎってみましょう。ＣｈａｔＧＰＴとの高度な会話機能（２０２４年12月時点）では「その話じゃなくてこっちの話をして」、と指示すると話を変えてくれます。また、「要点だけ教えて」と伝えると、ポイントを絞った回答をしてくれます。人相手では会話を途中でさえぎるのは難しいですが、ＡＩはツールと割り切り、どんどん自分のしたい話をしてもらいましょう。

Q　AIとの会話をほかの人に共有するにはどうすれば良い？

A　会話の大切なところのスクリーンショットを撮ったり、コピーをしてドキュメントに貼り付けたりする方法があります。すべてのやりとりを共有相手に見られても良いという場合は、ＣｈａｔＧＰＴ、Ｃｌａｕｄｅでは会話の共有リンクを作成して、そのままシェアすることもできます。

column

5

ＡＩに知能はあるの？

ＡＩに知能があるのかについては、人によって見解が分かれています。ＡＩは、確率的に文章の続きにそれっぽい言葉を並べているだけだと言う人もいれば、著名なＡＩ研究者であるPreferred Networks社の岡野原氏は、自身の著書『大規模言語モデルは新たな知能か―ChatGPTが変えた世界』（岩波書店）で、大規模言語モデルを「人がまだ付き合ったことのない新しい知能」と表現しています。

このように見解が分かれる原因は、知能というものの定義があいまいなことにもあると思いますが、「知能は人間のみが持てる崇高なもの」という人間のプライドのようなものにも原因がある気がしています。

ただ、私が最近の生成ＡＩに触れていて思うのは「そもそも、人間にそれほど崇高な知能というものが存在するのだろうか？」ということです。我々も、普段の会話は無意識に相槌《あいづち》をうったり、相手の会話に合わせて、続きとしてそれっぽいことを言っているだけだったりしないでしょうか？

実際に、人とＡＩの会話の内容を外から見たら、人とＡＩの正確な区別もだんだん難しくなっています。それどころか、ときには人間のほうがＡＩのように見えることすらあります。

「人間には意識がある」という意見もあるかもしれませんが、それだって脳が生み出した幻想のようなものかもしれませんし、逆にＡＩに意識がないと言い切ることもできません。「人間は考える葦《あし》である」とはフランスの哲学者パスカルの言葉ですが、ＡＩが考えることができるなら、人間とＡＩの違いとは何なのでしょうか？　ＡＩの発展により、我々は「知能とは何か？」「そもそも人に知能はあるのか？」という根源的な問いを、あらためて提示されているような気がするのは考えすぎでしょうか。

からあげ先生
お元気ですか
ぼくは元気です
あれから、お母さんは検定に合格しました
他の資格にも興味があるらしいです
SEO検定
AI
ビジネス文書検定
ITパスポート問題集
えー
お父さんはもうすぐ海外出張なので毎晩遅くまで練習する声が聞こえます
もっと具体的に励まして……
おばあちゃんはスマホの使い方をAIに聞くようになりました
娘に聞くより気軽に聞けていいわ〜
音声だけで使えるし
AI
最近嬉しかった事はお父さんお母さんがぼくの疑問にしっかり答えてくれるようになった事です
なんで星って光るの?
強い電気がついてるの?
えーっと
〜〜!!
AI
星の中でガスが超高温で燃えていて明るい光になるんだって

生成AIを活用してくれているようで嬉しいです!
よかったよかった
皆さんも興味が出てきたでしょうか?
AIは日々進化していて私達の生活をさらに楽にしてくれそうです
AI
もちろんAIがなくても普通に生活はできます
パソコンやスマホが苦手な人がいるようにAIを難しいと思う人もいるでしょう
でも一度便利さを体験したらどんどん使いたくなるはず!
AIを使うのに特別な知識は不要です
まずは一言、質問するだけ!
今日から始めよう
いつでもウェルカム
仕事でも日常でも面倒事や疑問はAIでサクッと解決しちゃいましょう!
楽しんで〜
使い道は無限大です!
またね!

あとがきにかえて

からあげです！　ここまで本書を読んでくださってありがとうございました。私は、今まで何冊か本を書いてきましたが、今回初めて漫画にチャレンジということで、新鮮な体験でした。読者の皆様の反応がどうなるのか、ずっとドキドキしています。ＡＩの専門書ではないので、読者の中には、ＡＩに詳しくない人も多いのではないかと思いますが、そういった方にも楽しんで読んでもらえたらとても嬉しく思います。

本書はまさにＡＩに全く詳しくない編集さんの「からあげさんを漫画のキャラクターにした、ＡＩど素人向けの本を作りたい」というオファーから生まれました。その発想を実現する行動と勇気がなかったら、間違いなくこの本は生まれなかったと思います。

また、漫画を描いてくださった、イラストレーターのいまがわさん。ライターとして文章を書いてくださった、ずっきーさんに心より感謝したいと思います。

いまがわさんは、もともと私のアイコン（からあげ先生）のイラストを描いてくださっていたので、漫画の雰囲気がとてもしっくりくるものになりました。この漫画を一番楽しみにしていて、終わりを悲しんでいるファンは、自分なのではないかと思っています。いつか続きを読みたいです。

ライターのずっきーさんは私が運営しているAI関係のコミュニティで精力的にイベントなどを開催してくださっている方で、今回一緒にお仕事ができてとても嬉しく思っています。私自身、AIに触れることが多くなり、初心者目線が薄れていたので、ずっきーさんのわかりやすい丁寧な文章は、本書がターゲットにしている「ど素人」に理解しやすいものになったと思います。

本書のレビューには、私の前著『面倒なことはChatGPTにやらせよう』（講談社）の共著者であるカレーちゃんにご協力いただきました。再び一緒に書籍づくりをできたことを心から嬉しく思います。

最後に、職場の東京大学松尾・岩澤研究室、株式会社松尾研究所の皆様、および執筆を普段から支えてくれている、妻と娘、ネコちゃんたちに心から感謝を示すとともに、本書を締めくくりたいと思います。また皆様とどこかでお会いできることを楽しみにしています！

2025年1月　からあげ

逆引きプロンプト

マンガ担当のいまがわです。普段は海外に住んでいるため、毎日生成AIに助けられています。税務署から届いたドイツ語書類の翻訳、ドイツ人の手書き文字の解読、スーパーの謎の食品を写真に撮って「どうやって食べるの?」と聞いたり……。そんな、海外生活の救世主である生成AIをテーマにマンガが描けて本当に楽しかったです。本書がみなさんの生活にもお役に立てれば嬉しいです。ありがとうございました!

文章担当のずっきーです。生成AIとの会話が日常になり、目立たないヘッドセットをAmazonで購入しました。「街路樹は本当に必要?」「鏡は左右は入れ替わるのになぜ上下は入れ替わらないの?」「妻の気持ちを理解するには?」など、歩きながらAIとおしゃべりするのが日課です。長らく抑えていた好奇心が、少しずつ芽吹いていくのを感じています。本書があなたの好奇心を刺激し、生成AIとの架け橋になれば幸いです。

デザイン　奈良岡 菜摘（奈良岡菜摘デザイン事務所）
ＤＴＰ　向阪伸一（ニシエ芸）
校正　玄冬書林
編集　中島元子（KADOKAWA）

からあげ
データサイエンティスト。『面倒なことはＣｈａｔＧＰＴにやらせよう』（講談社）、『人気ブロガーからあげ先生のとにかく楽しいAI自作教室』（日経BP）、『Jetson Nano超入門』（ソーテック社）などを執筆。多数の商業誌・Webメディアにも記事を寄稿。好きな食べ物は、からあげ。愛用プロンプトは「（失敗したときに）ミスして落ち込んでいるのでやさしくなぐさめて」。

ブログ:『karaage.』https://karaage.hatenadiary.jp/
X：@karaage0703

いまがわ
漫画家・デザイナー。ドイツ在住。『日本人家族、ドイツに住む』（日経xwoman）ほか、多数のメディアで漫画を掲載。ブログやSNSではドイツでの生活、生成AIのお役立ちネタを発信中。好きな食べ物は揚げ寿司。愛用プロンプトは「子どもでもわかるように説明して」。

ブログ：『デザイナー脂肪』https://www.imagawa.tokyo/
X：@i_magawa

ずっきー
ライター・システムエンジニア。仕事と育児に追われる毎日を生成AIを活用して楽しく乗り切ろうと画策する三児の父。SNSでは、生成AIを使ったお絵描きや動画作りなど、子どもが喜ぶ活用法を発信中。Kindleで『2歳児と公園に行くのが楽しくなる本』の執筆、『子育てマガジンCre+Edu（クリエデュ）』の立ち上げ。趣味はオンラインイベント開催。好きな食べ物は、妻の手料理。愛用プロンプトは「ユーザーのモチベーションを高めて」。

X：@zukkymm

教《おし》えて！からあげ先生《せんせい》

はじめての生成《せいせい》ＡＩ

2025年 1 月22日　初版発行

著者／からあげ

漫画／いまがわ

文／ずっきー

発行者／山下 直久

発行／株式会社KADOKAWA
〒102-8177　東京都千代田区富士見2-13-3
電話　0570-002-301(ナビダイヤル)

印刷所／大日本印刷株式会社

製本所／大日本印刷株式会社

●お問い合わせ
https://www.kadokawa.co.jp/（「お問い合わせ」へお進みください）
※内容によっては、お答えできない場合があります。
※サポートは日本国内のみとさせていただきます。
※Japanese text only

定価はカバーに表示してあります。

ISBN 978-4-04-607119-4　C0004